STEAM 教育

雙語小學堂

交通主題探究與挑戰
使用 micro:bit

附  MOSME 行動學習一點通 × Maker Learning Credential Certification 創客學習力認證

Bilingual STEAM education for fourth grade
of elementary school Transportation theme
Using micro:bit

4 5 6 年級以上適用

吳聲毅・楊桂瓊・廖宜虹
盧欣怡・鄭曉佩　編著

台科大圖書 since 1997

序言

　　當今世界，科學、科技、工程、藝術和數學（STEAM）各領域正在以前所未有的速度發展，成為適應變化、創新解決問題與塑造未來的關鍵因素。而在這個信息爆炸的時代，能夠流利地掌握多種語言，無疑是一種巨大的優勢。目前在臺灣，STEAM 教育與雙語教育是臺灣教育推動重點，其目標是希望教師透過跨領域、探究與動手實作策略，提升學生問題解決的能力並透過學科內容與語言整合的教學法（Content and Language Integrated Learning, CLIL），塑造雙語使用環境，帶起每個孩子的學習與表現。

　　為了培養上述能力並解決目前臺灣 STEAM 教材與教具的不足，我們團隊開發 STEAM 雙語教材。教材從解決生活問題出發，以生活中隨手可得的厚紙卡當作工程建構的積木教具，結合並應用該學

習年段所學習的科學與數學知識，並以國小階段常使用的 Micro:bit 為科技元件，輔以藝術與設計的概念，最後透過同儕合作與雙語友善的學習環境營造，鼓勵學童運用所學的相關目標單字與目標句型，進行學習過程的表達與成果展示的分享。

這本四年級的 STEAM 雙語教材，以上學途中紅綠燈與塞車的生活情境問題出發，在科學單元應用串聯與並聯的知識、科技單元編碼紅綠燈自動變號燈號裝置、工程單元思索設計紅綠燈架、藝術單元探究光與色彩的應用以及數學單元計算紅綠燈循環秒數規律，最後以十字路口雙向紅綠燈的情境挑戰，讓學童進行綜合應用與考驗。

一本教材的編撰很不容易，我們要感謝所有協助本書出版的人。感謝國科會人文處科學教育實作學門專題計畫補助，感謝一起編撰的屏東大學楊桂

瓊教授、廖宜虹教授與盧欣怡小姐，感謝來自國小現場提供專業意見的屏東市和平國小鄭曉佩老師及協助教材實證的吳子宏校長與何敏華主任，以及感謝台科大圖書長期支持STEAM教育圖書的出版。我們相信，STEAM 教育應該是一種啟發和激勵的過程，而不僅僅是單領域、單方向的知識傳授。因此，我們鼓勵讀者積極參與書中的活動，並將所學應用到實際生活中，來培養相對應的探究思考和問題解決能力，以實現真正的學習。

吳聲毅 謹誌

Head-on | Hands-on | Minds-on

These fun, student-oriented & CLIL-based projects bring activities across from the classroom including the 12-year curriculum of science, technology, engineering, arts, and mathematics, into our community and the world.

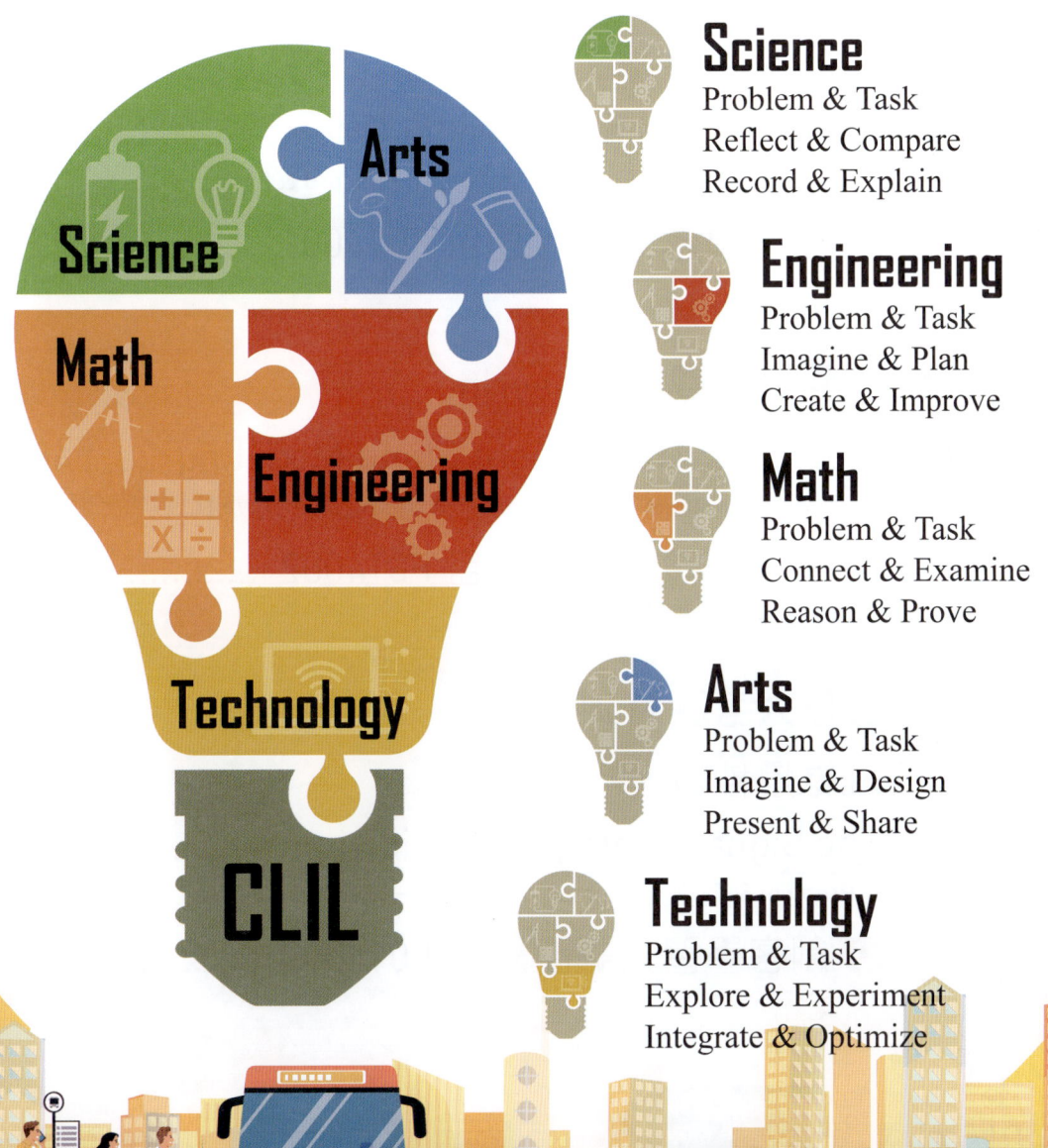

Science
Problem & Task
Reflect & Compare
Record & Explain

Engineering
Problem & Task
Imagine & Plan
Create & Improve

Math
Problem & Task
Connect & Examine
Reason & Prove

Arts
Problem & Task
Imagine & Design
Present & Share

Technology
Problem & Task
Explore & Experiment
Integrate & Optimize

目錄

CH 1 導論 Introduction
情境任務 What is the problem? 1
（See → Think → Wonder）

CH 2 科學大實驗 Science
串聯與並聯
Series Circuit and Parallel Circuit 14
（Problem & Task → Reflect & Compare → Record & Explain）

　創客學習力認證題目 F014001 27

CH 3 工程大挑戰 Engineering
紅綠燈架 Traffic Light Stand Modeling 48
（Problem & Task → Imagine & Plan → Create & Improve）

　創客學習力認證題目 F014002 55

CH 4 數學大考驗 Math
紅綠燈秒數
The Signal Timing of Traffic Light 74
（Problem & Task → Connect & Examine → Reason & Prove）

　創客學習力認證題目 F014003 81

CH 5 藝術大觀察 Arts

光與色彩 Light and Colors 96
（Problem & Task → Imagine & Design → Present & Share）

創客學習力認證題目 F014004 100

CH 6 科技大應用 Technology

紅綠燈自動變換燈號
Automated Traffic Light 118
（Problem & Task → Explore & Experiment → Integrate & Optimize）

創客學習力認證題目 F014005 130

CH 7 終極大挑戰 The Ultimate Challenge

雙向紅綠燈
Setting up Two-Way Traffic Lights at the Intersection 152
（Project / Problem Based Learning → Discuss & Evaluate → Collaborate & Implement）

創客學習力認證題目 F014006 158

STEAM 跨科際學習架構圖

核心任務 | **條件要求** | **STEAM 問題拆解**

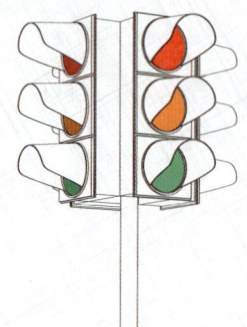

搭建能自動變換燈號，且至少 30 cm 高立起的紅綠燈模型

- **Science**：「紅綠燈」需要有三盞獨立燈號。 → 串聯（series circuit）或並聯（parallel circuit）的電路裝置，哪個能使三顆 LED 燈依序單一發亮？

- **Engineering**：「紅綠燈」需要站立能被看見。 → 生活中的回收紙箱如何建立穩固的紅綠燈架？

- **Mathematics**：「紅綠燈」需要有秒數設定。 → 停等紅燈的車子全數通過路口一次需要多少時間？

- **Arts**：「紅綠燈」需要有不同的顏色。 → 紅綠燈使用的紅、黃、綠的原理是「色光三原色」還是「色彩三原色」？

- **Technology**：「紅綠燈」需要自動換號，不需仰賴人力。 → 如何撰寫程式讓手動控制改為自動化？

四年級　各單元學習內容

課程單元	課程內容
科學 Science	探究串聯還是並聯的電路連接方式能使單一色光亮起。
工程 Engineering	運用紙卡搭建於穩定的紅綠燈架。
數學 Math	運用時間的計算、時間秒數加減解決日常生活中交通壅塞之情境。
藝術 Arts	瞭解紅綠燈使用紅、黃、綠的原理。且能區分光的三原色與顏料三原色的不同。
科技 Technology	用 Micro:bit 撰寫紅綠燈自動變換燈號程式。

課程單元	課程內容
科學 Science	四上自然－電路好好玩；好玩的電路 四下自然－能源與電路
工程 Engineering	三上數學－角與形狀；角、正方形和長方形、圓；面積、圓、角 三下數學－圓、面積 四上數學－三角形 四下數學－周長與面積
數學 Math	三上數學－乘法除法 三下數學－除法；時間； 四上數學－乘法、除法、整數四則運算 四下數學－四則運算；時間的計算
藝術 Arts	三上藝文－色彩奇幻王國；色彩大發現；藝術－彩色的世界
科技 Technology	

課程單元	課程內容
科學 Science	INe-II-8：物質可分為電的良導體和不良導體，將電池用電線或良導體接成通路，可使燈泡發光、馬達轉動。 INe-II-9：電池或燈泡可以有串聯和並聯的接法，不同的接法會產生不同的效果。
工程 Engineering	S-3-2 正方形和長方形：以邊與角的特徵來定義正方形和長方形。 S-3-3 圓：「圓心」、「圓周」、「半徑」與「直徑」。能使用圓規畫指定半徑的圓。 S-3-4 幾何形體之操作：以操作活動為主。平面圖形的分割與重組。初步體驗展開圖如何黏合成立體形體。知道不同之展開圖可能黏合成同一形狀之立體形體。 S-4-7 三角形：以邊與角的特徵認識特殊三角形並能作圖。如正三角形、等腰三角形、直角三角形、銳角三角形、鈍角三角形。 N-3-14 面積：「平方公分」。實測、量感、估測與計算。

課程單元	課程內容
數學 Math	N-3-17 時間:「日」、「時」、「分」、「秒」。實測、量感、估測與計算。時間單位的換算。認識時間加減問題的類型。 N-4-3 解題:兩步驟應用問題(乘除,連除)。乘與除、連除之應用解題。 N-4-13 解題:日常生活的時間加減問題。跨時、跨午、跨日、24 小時制。含時間單位換算。 Ca-II-1:生活周遭潛藏危機的情境。
藝術 Arts	Bd-II-1:生活美感的普遍性與多樣性。 Bd-II-2:生活美感的體察與感知。 E-II-1:色彩感知、造形與空間的探索。 視 A-II-1:視覺元素、生活之美、視覺聯想。 INe-III-7:陽光是由不同色光組成。
科技 Technology	INf-III-2:科技在生活中的應用與對環境與人體的影響。 Ca-II-3:生活周遭潛藏危機的處理與演練。

CH 1

導論 Introduction

情境任務
What is the problem?

- **學習目標** Intended Learning Outcomes

1. 能運用 STEAM 不同學科知識與技能，解決屏東中山路與民權路路口交通堵塞的問題。

一　問題情境 Problem Situation

　　小明學校附近行經中山路與民權路的十字路口時常交通堵塞（traffic jam），造成車禍事故（traffic accidents）頻繁，每當上、放學媽媽騎車載小明要通過馬路時，小明都覺得無比緊張，請見圖 1-1。小明詢問老師該怎麼做才能安全地通過馬路呢？

▲ 圖 1-1

CH 1 情境任務 What is the problem?

🔔 探究與實作 Inquiry & Practice

① 請根據下圖觀察<u>中山路</u>與<u>民權路</u>的路況，並將觀察結果紀錄在表 1-1 中。

Inquiry-based questions:
- <u>What do you see</u> the problem?
- <u>Why do you need</u> to solve the problem?
- <u>What kind of solution</u> might help?
- <u>How can you design a solution</u> to the problem?
- <u>How can you use the knowledge</u> to solve the problem?

▼ 表 1-1

👁 See	我觀察到什麼？	
🧠 Think	我推想到什麼？	
🚀 Wonder	我探索到什麼？	

二 活動任務 Learning Tasks

隔天上學小明將中山路與民權路路口的觀察紀錄表交給老師，小明告訴老師路口因為沒有紅綠燈（traffic light），所以才常發生交通堵塞（traffic jam），如果能在路口設置紅綠燈（traffic light）應能解決問題。老師稱讚小明的點子不錯，然而，在無法直接要求交通部設置一座紅綠燈（traffic light）的情況下，老師建議小明可以建立紅綠燈模型（traffic light model）進行微型路況設計測試，並藉由此模型向里長建議路口須設置紅綠燈。想一想，若要搭建紅綠燈模型的話，會需要符合哪些條件要求呢？

▲圖 1-2

探究與實作 Inquiry & Practice

2 班上同學給小明的建議中，請勾選出哪些會是製作紅綠燈需要符合的條件要求呢？

（　　）1. 小花：「紅綠燈」需要有三盞獨立燈號。

（　　）2. 小光：「紅綠燈」需要有不同的顏色。

（　　）3. 小華：「紅綠燈」需要有秒數設定。

（　　）4. 小莉：「紅綠燈」需要站立能被看見。

（　　）5. 小美：「紅綠燈」需要自動換號，不需仰賴人力。

　　STEAM 是代表科學（Science）、科技（Technology）、工程（Engineering）、藝術（Arts）和數學（Mathematics），可以幫助小明逐一將紅綠燈（traffic light）的模型搭建完成。

　　小明根據 STEAM 列點出實現「紅綠燈」（traffic light）的條件要求可能面臨的問題挑戰，現在，讓我們和小明完成最後的 STEAM 問題分類。

探究與實作 Inquiry & Practice

❸ 請根據小明所列點的問題挑戰，將 STEAM 問題分類到對應的空格中。

（　　）1. 如何撰寫程式讓手動控制換燈號改為自動化？

（　　）2. 是哪一種電路裝置：串聯（series circuit）或並聯（parallel circuit）才可以使三顆 LED 燈依序單一發亮？

（　　）3. 停等紅燈的車子全數通過路口至少要多少時間？

（　　）4. 紅綠燈使用的紅、黃、綠的原理是「色光三原色」還是「色彩三原色」？

（　　）5. 如何利用生活中的回收紙箱來建立穩固的紅綠燈架呢？

（S）科學問題	（T）科技問題	（E）工程問題	（A）藝術問題	（M）數學問題

CH1 應聽懂及認讀的單字

- Science
- Technology
- Engineering
- Arts
- Math
- solve the problem
- task
- traffic jam
- traffic light
- intersection

CH1 應聽懂及認讀的探究句型

- I can see the real-life problem.
- I can think about how to solve the problem in real life.
- I can tell what Science, Technology, Engineering, Arts, and Math are.
- I can try to use STEAM knowledge to solve the problem.

三 自評表現 Self-Assessment Exit Ticket

請依照你的學習表現為自己評分，5分為非常同意，1分為非常不同意。

學習表現	非常同意	同意	普通	不同意	非常不同意
1. 我能分辨 STEAM 分別代表哪些學科領域。 I can recognize what STEAM stands for in terms of subject disciplines.	5	4	3	2	1
2. 我能應用科學解決交通號誌燈號亮起問題。 I can use science to solve the problem of traffic light signals lighting up.	5	4	3	2	1
3. 我能應用科技解決紅綠燈自動變換燈號問題。 I can use technology to solve the problem of automatic changing of traffic light signals.	5	4	3	2	1

CH 1　情境任務 What is the problem?

學習表現	非常同意	同意	普通	不同意	非常不同意
4. 我能應用工程解決紅綠燈架搭建問題。 I can use engineering to solve the problem of constructing traffic light stand modeling.	5	4	3	2	1
5. 我能應用藝術解決紅綠燈色號提醒作用問題。 I can use art to solve the problem of color cues in traffic lights.	5	4	3	2	1
6. 我能應用數學解決紅綠燈秒數設定問題。 I can use mathematics to solve the problem of traffic light timing settings.	5	4	3	2	1

9

學習表現
7. 在本單元中,哪個環節是你最喜歡的部分?為何你會最喜歡?   Which part of this unit do you like most and why?
8. 在本單元中,你面臨到何種挑戰,以及你如何克服這些困難?   What problems did you face during the unit, and how did you solve them?
9. 本單元中,你學到哪些新的知識?如何應用所學在未來的日常生活?   What did you learn from this unit, and how can you use it in real life or the future?

CH 1 參考答案

🔔 探究與實作 Inquiry & Practice

❶

👁 See 我觀察到什麼？	馬路交通壅塞。
🧠 Think 我推想到什麼？	沒有紅綠燈。
🚀 Wonder 我探索到什麼？	設置紅綠燈。

❷

(✓) 1. 小花：「紅綠燈」需要有三盞獨立燈號。

(✓) 2. 小光：「紅綠燈」需要有不同的顏色。

(✓) 3. 小華：「紅綠燈」需要有秒數設定。

(✓) 4. 小莉：「紅綠燈」需要站立能被看見。

(✓) 5. 小美：「紅綠燈」需要自動換號，不需仰賴人力。

❸

（ T ）1. 如何撰寫程式讓手動控制換燈號改為自動化？

（ S ）2. 是哪一種電路裝置：串聯（series circuit）或並聯（parallel circuit）才可以使三顆LED燈依序單一發亮？

（ M ）3. 停等紅燈的車子全數通過路口至少要多少時間？

（ A ）4. 紅綠燈使用的紅、黃、綠的原理是「色光三原色」還是「色彩三原色」？

（ E ）5. 如何利用生活中的回收紙箱來建立穩固的紅綠燈架呢？

MEMO

CH 2

科學大實驗 Science

串聯與並聯
Series Circuit and Parallel Circuit

- **學習目標** Intended Learning Outcomes

1. 能辨識通路與斷路,並以簡單開關來控制電路通路或斷路。
2. 能分辨串聯與並聯,進而比較兩者電路的特性。
3. 能依紅綠燈特性應用開關控制電路的連接,使三顆 LED 燈能獨立發亮。
4. 能以英文簡單敘述本單元學習成果。

| 核心任務 | 條件要求 | STEAM問題拆解 | 問題解答 |

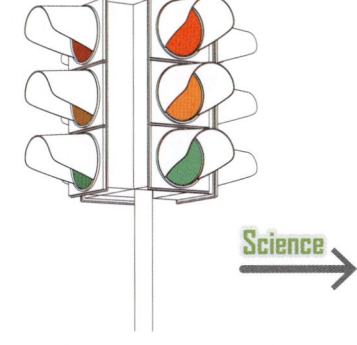 → Science → 「紅綠燈」需要有三盞獨立燈號。 → 串聯（series circuit）或並聯（parallel circuit）的電路裝置，哪個能使三顆 LED 燈依序單一發亮？ →

搭建能自動變換燈號，且至少 30 cm 高立起的紅綠燈模型

一 問題情境 Problem Situation

為了建立紅綠燈（traffic light）簡易測試模型在十字路口（intersection）設置紅綠燈的效益，小明上網查詢紅綠燈的構造、運作方式以及紅綠燈的組成需要有紅燈（red light）、黃燈（yellow light）以及綠燈（green light）三個能獨立發光的燈號。

老師提供一些現有材料（materials）包括電池盒、電池、鱷魚夾、電線、迴紋針、名片紙以及白色 LED 燈，請見圖 2-1。小明要如何以手邊僅有的材料自行組裝出能分別代表紅燈、黃燈以及綠燈的簡單電路（electric circuits）呢？

Inquiry-based questions:
- What are the main parts of an electric circuit?
- What are the differences between open circuit and closed circuit?
- What are the differences between series circuits and parallel circuits?
- What type of electric patterns is used for the signaling of traffic light?

CH 2 串聯與並聯 Series Circuit and Parallel Circuit

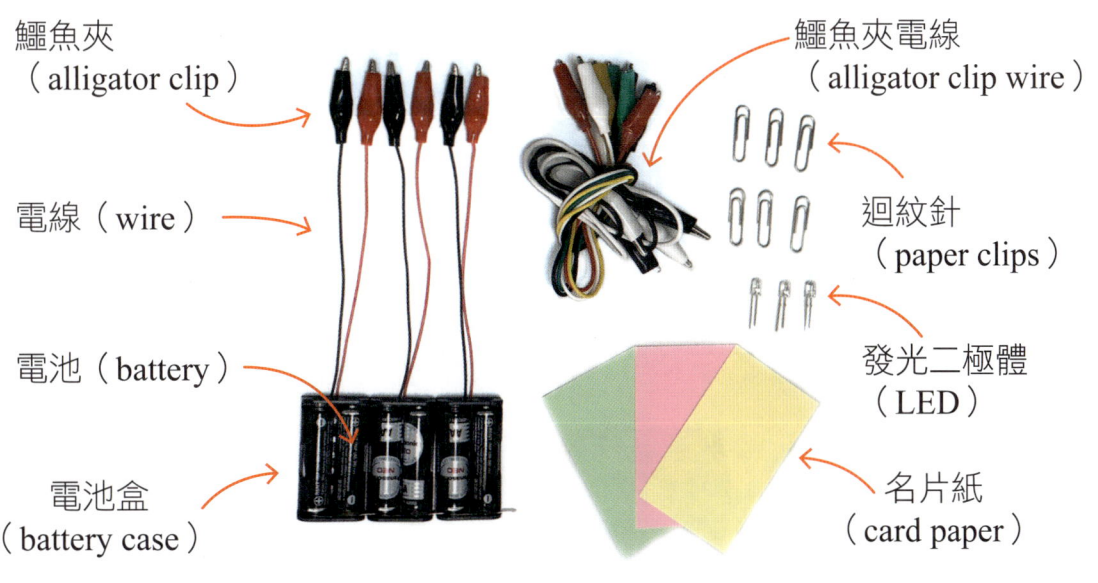

▲圖 2-1　材料（materials）

在設計適合紅綠燈電路之前，讓我們來再次閱讀一次簡單電路相關內容吧！

🚩 **LED 燈**：LED 燈的全名為發光二極體（Light-Emitting Diode），請見圖 2-2，其構造有正極引腳（positive）與負極引腳（negative），因為體積小、省電與壽命長等眾多優點，現今應用在各種電器中，作為發光設備使用。

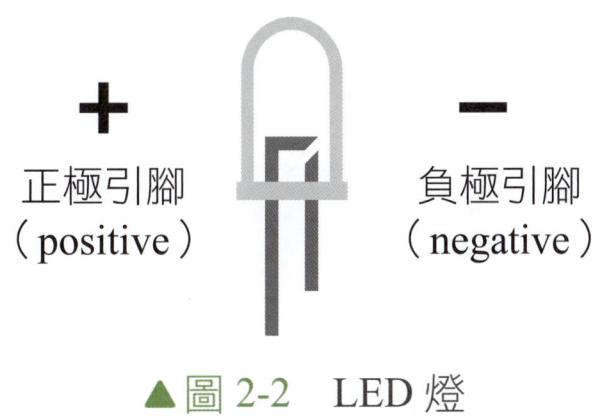

▲圖 2-2　LED 燈

🚩 **電池**：電池（battery）有兩極，凸起的一端稱為正極（positive），用「＋」表示；平的一端稱為負極（negative），用「－」表示，請見圖 2-3。一般 3 號 AA 電池的電壓為 1.5 伏特（V）。本書使用之白色 LED 燈約 3 伏特（V），約需 2 顆 3 號 AA 電池才有足夠的電壓使白色 LED 燈發亮。

▲圖 2-3　電池（battery）

🚩 **簡單電路**：藉由電池盒連接簡單電路（electric circuits），將電池正極（positive）朝向紅色電線（red wire）連接 LED 燈的正極引腳，電池負極（negative）朝向黑色電線（black wire）連接 LED 燈負極引腳，能夠使電流通過（pass）「完整的電路」時，LED 燈會發亮，稱為「通路」（closed circuit）；相反的，若電流通過「斷開的電路」產生缺口（gap）時，LED 燈無法發亮，稱為「斷路」（open circuit），也就是說簡單電路的連接會形成兩種類型（types），請見圖 2-4 通路與斷路。透過簡單電路的連接，能成功使 LED 燈發亮。

通路（closed circuit）	斷路（open circuit）
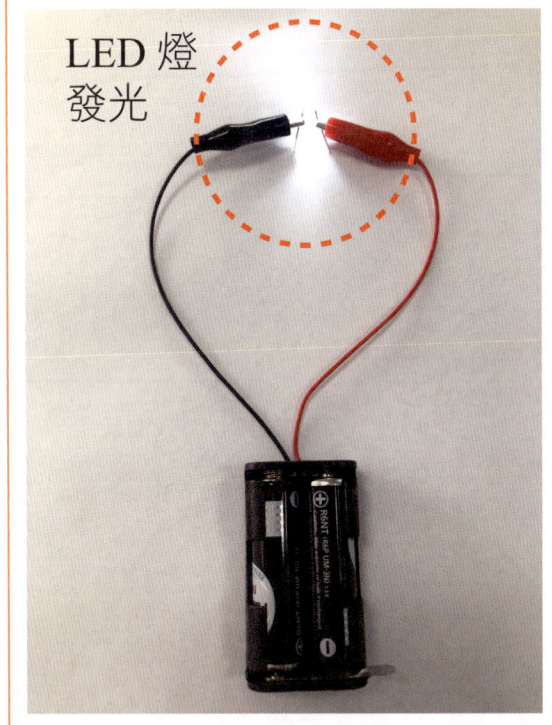	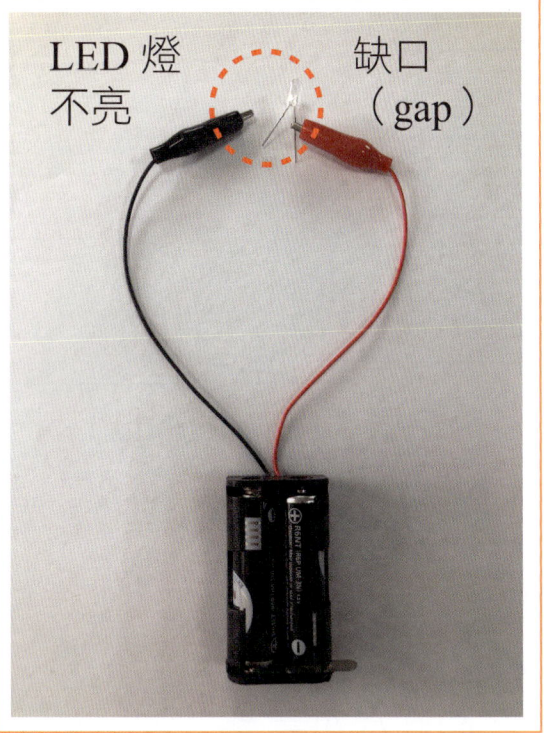

▲圖 2-4　通路與斷路

🚩 **串聯與並聯電路**：簡單電路（electric circuits）有「串聯電路」（series circuit）和「並聯電路」（parallel circuit）兩種連接方式，將不同顆 LED 燈連接在同一個電路上，一個接著一個（one after another）這種連接方式稱為「串聯電路」。LED 燈分別並排（side by side）形成不同的通路，這種連接方式稱為「並聯電路」，請見圖 2-5 串聯與並聯電路。

STEAM 教育雙語小學堂

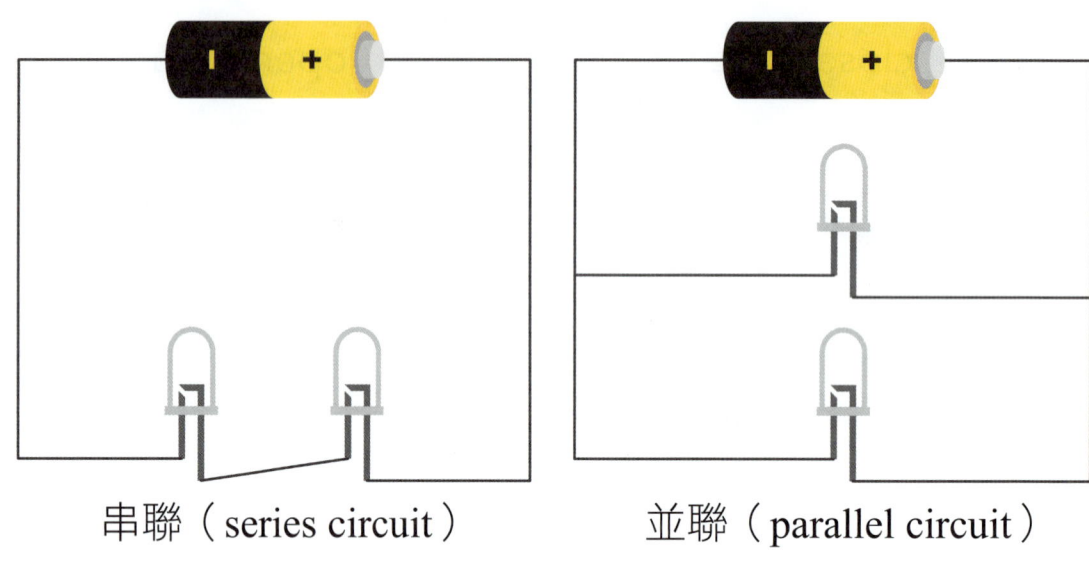

串聯（series circuit）　　並聯（parallel circuit）

▲圖 2-5　串聯與並聯電路

🔍 **小提示**

圖片僅供示意，串聯或並聯時需考量 LED 燈的電壓決定電池使用的數量。

🚩 **開關**：老師跟小明說，簡單電路可藉由「開關」（switch）裝置來控制通路（closed circuit）與斷路（open circuit），並告知小明，利用圖 2-6 中材料中的電池（battery）、電線（wire）、發光二極體（LED 燈）、鱷魚夾（alligator clip）、名片紙（card paper）與迴紋針（paper clips）等來製作簡易開關。

現在，跟著小明一起製作簡易開關試著控制電路的通路與斷路吧！

CH 2 串聯與並聯 Series Circuit and Parallel Circuit

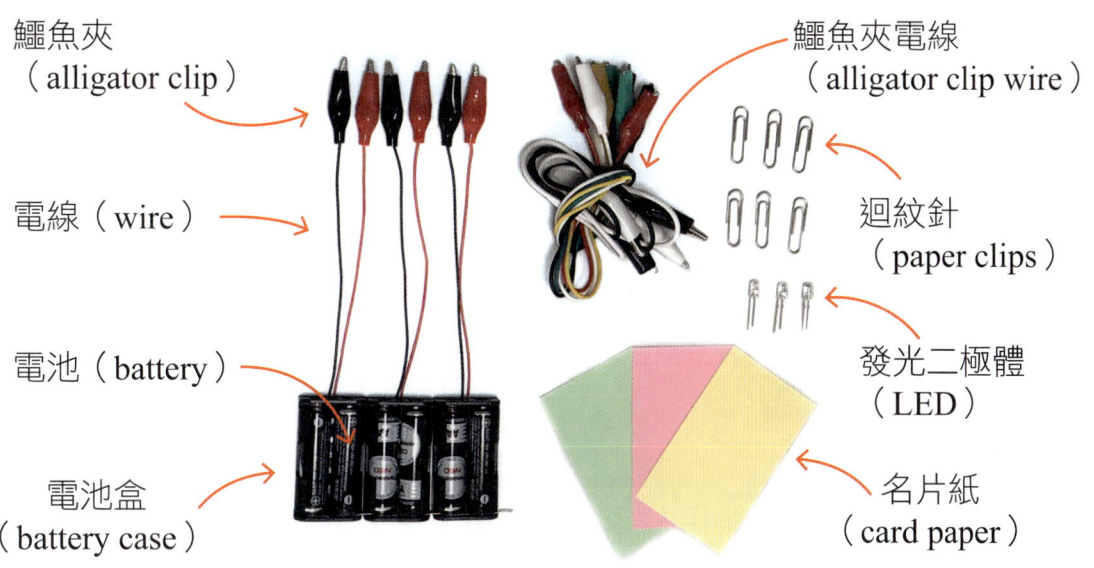

▲ 圖 2-6　材料（materials）

🔔 探究與實作 Inquiry & Practice

① 請根據以下步驟完成簡易開關製作，並試著控制一顆白色 LED 燈亮與不亮。

步驟 1　拿取 1 張名片紙，將名片紙對折。

步驟 2　拿取 2 個迴紋針，分別夾入對折一次後的名片紙兩端。

步驟 3　將夾有 2 個迴紋針的便條紙再次對折。

步驟 4　將迴紋針的一端連接電線，另一端連接 LED 燈的正極引腳。

21

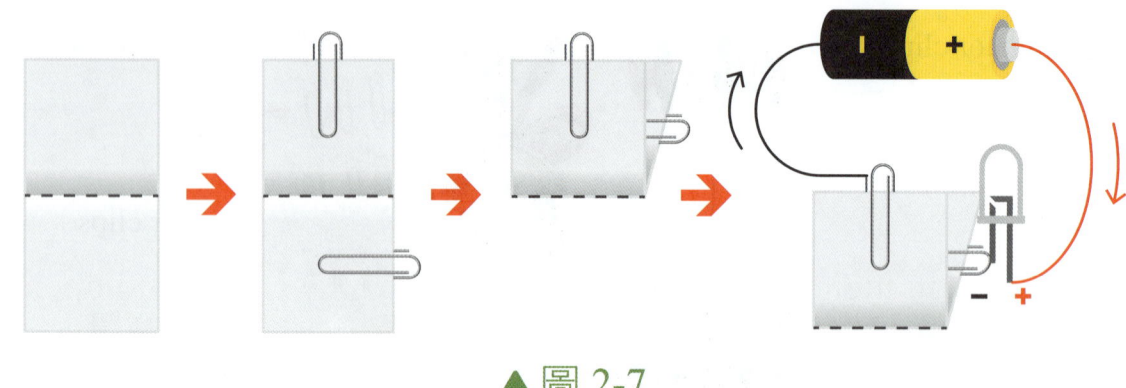

▲ 圖 2-7

步驟 5 請試著控制開關（switch），使白色 LED 燈亮（light on）與不亮（light off）。

小提示

圖片僅供示意，串聯或並聯時需考量 LED 燈的電壓決定電池使用的數量。

按壓開關（switch-on）	鬆開開關（switch-off）
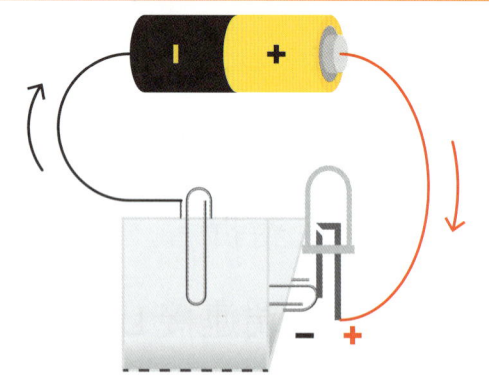	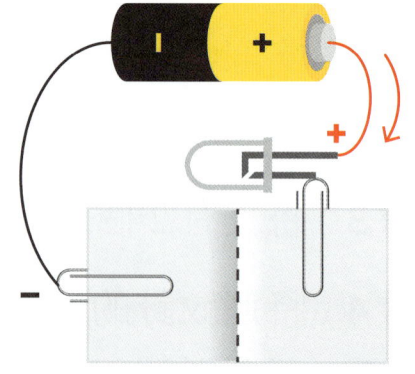
按壓開關形成通路，電流可以順利通過。	鬆開開關不能形成通路，電流無法通過。

▲ 圖 2-8

CH 2 串聯與並聯 Series Circuit and Parallel Circuit

📝 小試身手 Assessment of Learning

1 你能分辨通路與斷路嗎？請圈出正確的答案，完成通路與斷路的敘述句。

Can you identify the differences between the closed and open circuit?

Choose the correct answer to complete the sentences.

What type of circuit is it?	
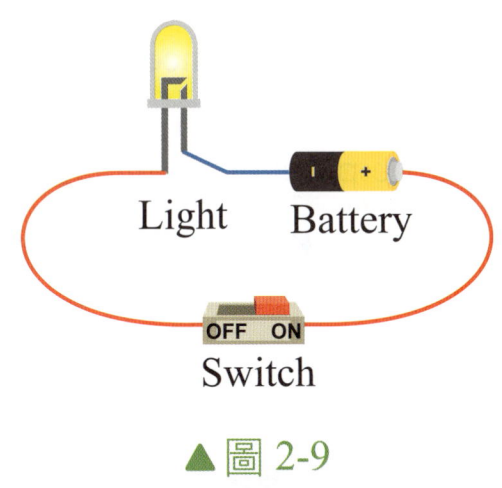▲ 圖 2-9	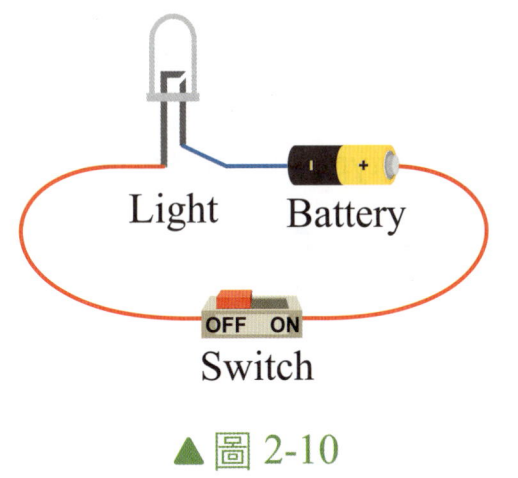▲ 圖 2-10
It is a closed circuit（通路）. When the switch is on, there is a gap / no gap in the circuit, the electric current can pass, the circuit is working.	It is an open circuit（斷路）. When the switch is off, there is a gap / no gap in the circuit, the electric current cannot pass, the circuit is not working.

23

Inquiry-based learning answers for SCIENCE:
- I can describe the parts of an electric circuit.
- I can tell the differences between closed circuit and open circuit.

❷ 你能分辨串聯與並聯嗎？請圈出正確的答案，完成串聯與並聯的敘述句。

Can you identify the series circuit and the parallel circuit? Choose the correct answer to complete the sentences.

What type of the series circuit and the parallel circuit is it?

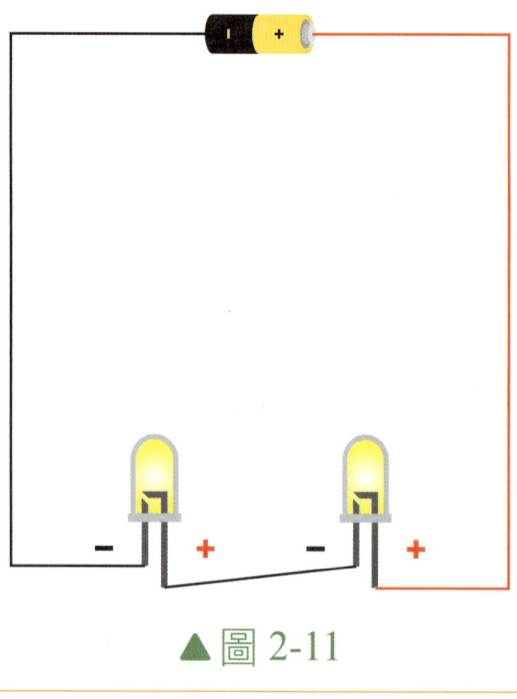

▲ 圖 2-11

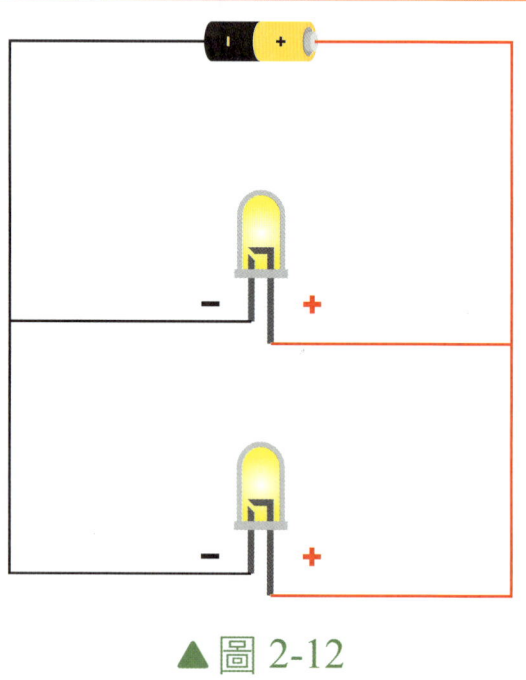

▲ 圖 2-12

CH 2 串聯與並聯 Series Circuit and Parallel Circuit

| In a series circuit（串聯）, the parts are connected <u>one after another</u> / <u>side by side</u>. | In a parallel circuit（並聯）, the parts are connected <u>one after another</u> / <u>side by side</u>. |

小提示

- one after another　　一個接一個
- side by side　　　　並排

Inquiry-based questions:

- I can tell the differences between <u>series circuit and parallel circuit</u>.
- I can think of examples of <u>how series and parallel circuits are used in the real world</u>.

25

二 活動任務 Learning Tasks

小明閱讀完簡單電路相關內容後知道簡單電路的基本裝置。他需要電線（wire）、LED 燈、電池來讓紅綠燈的三盞燈能逐一亮起。

小明想知道串聯（series circuit）或並聯（parallel circuit）的電路裝置哪個能使紅綠燈號依序單一發亮，他分別提出兩個科學問題：

1. 串聯三個有獨立開關的 LED 燈，逐一打開時，LED 燈亮起的情形為何？

2. 並聯三個有獨立開關的 LED 燈，逐一打開時，LED 燈亮起的情形為何？

讓我們一起觀察小明所實驗測試的結果，找出符合紅綠燈燈號亮起情形的需求吧！

CH 2　串聯與並聯 Series Circuit and Parallel Circuit

探究與實作 Inquiry & Practice

創客題目編號：F014001

40 mins

・創客指標・

外形	機構	電控	程式	通訊	人工智慧	創客總數
1	1	3	0	0	0	5

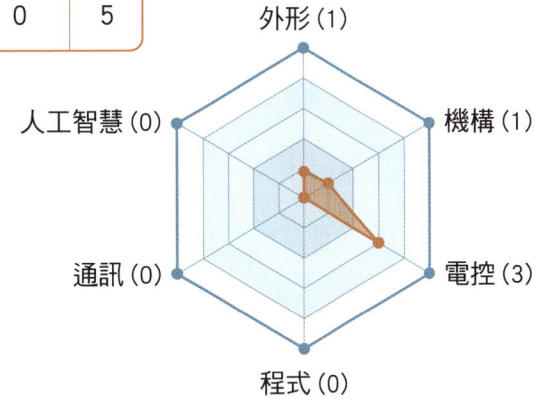

外形(1)
機構(1)
電控(3)
程式(0)
通訊(0)
人工智慧(0)

・綜合素養力・

空間力	堅毅力	邏輯力	創新力	整合力	團隊力	素養總數
1	1	3	1	1	1	8

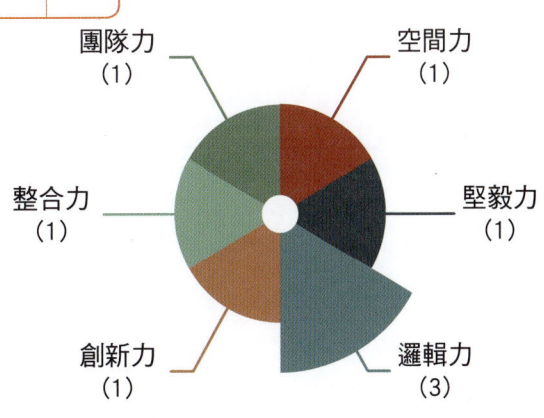

團隊力(1)
空間力(1)
整合力(1)
堅毅力(1)
創新力(1)
邏輯力(3)

27

❶ 【科學問題一】串聯三個有獨立開關的 LED 燈，逐一打開時，LED 燈亮起的情形為何？

【實驗設計與實作】三顆 LED 燈串聯電路（series circuit）觀察 LED 燈亮起情形。

請根據圖 2-13 的材料，畫出三顆有獨立開關的 LED 燈串聯電路，並分別標示出哪顆 LED 燈代表紅燈（red light）、黃燈（yellow light）以及綠燈（green light）。測出燈亮起情形，以回答科學問題一。

- Draw a series circuit that has a battery, three lights with switches.

CH 2　串聯與並聯 Series Circuit and Parallel Circuit

鱷魚夾
（alligator clip）

鱷魚夾電線
（alligator clip wire）

電線（wire）

迴紋針
（paper clips）

電池（battery）

發光二極體
（LED）

電池盒
（battery case）

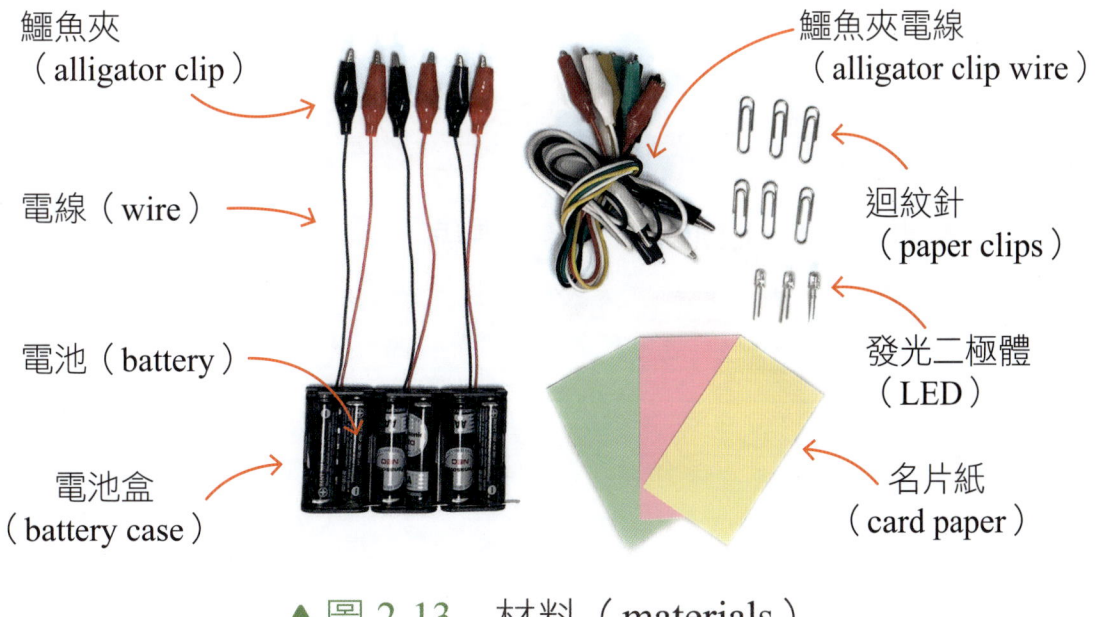

名片紙
（card paper）

▲圖 2-13　材料（materials）

小提示

1. 一般 3 號 AA 電池的電壓為 1.5 伏特（V）。本書使用之白色 LED 燈約 3 伏特（V），組裝串聯電路或並聯電路時需考量 LED 燈的電壓決定電池使用的數量。
2. 紅綠燈需要幾顆 LED 燈。
3. 材料簡易圖請參照下圖表示。
4. 請參考 p.20「圖 2-5 串聯與並聯電路圖」與 p.21「探究與實作」畫出「實驗設計與實作」。
5. 「三顆有開關的 LED 燈串聯電路」參考繪製圖，請詳見 p.43。

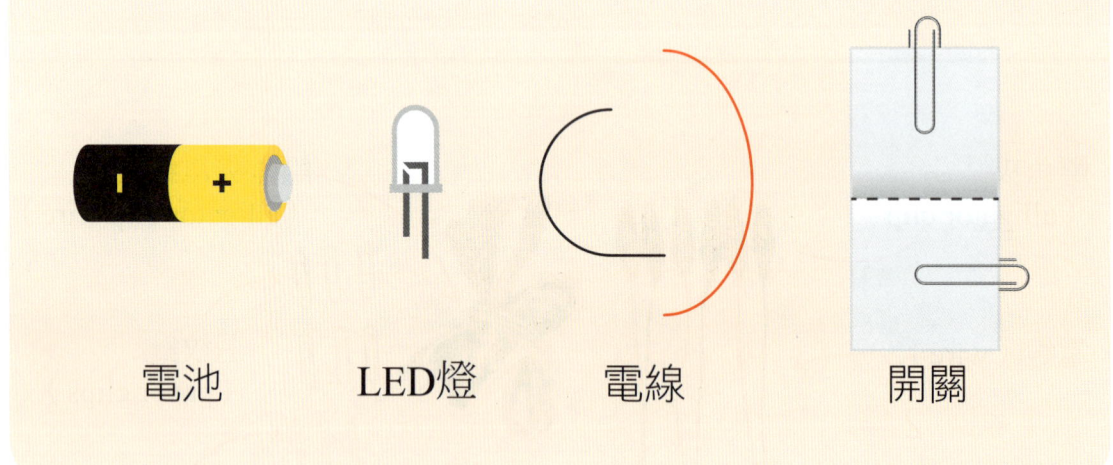

電池　　LED燈　　電線　　開關

CH 2　串聯與並聯 Series Circuit and Parallel Circuit

【實驗測試】請根據「三顆有開關的 LED 燈串聯電路」依序控制開關（switch），觀察 LED 燈亮起情形，並將實驗記錄於下表，亮燈（light on）請打 ○；沒亮（light off）請打 ×。

三顆有開關的 LED 燈串聯電路（series circuit）			
開關（switches）	LED 燈 1	LED 燈 2	LED 燈 3
1 開　2 關　3 關 （1 on　2 off　3 off）			
1 關　2 開　3 關 （1 off　2 on　3 off）			
1 關　2 關　3 開 （1 off　2 off　3 on）			

【問題與討論】請問三顆有開關的 LED 燈串聯時,逐一打開三個燈號的開關,LED 燈發亮情形亮起為何?
Will a single LED light ON when we turn on the switches of the three lights one by one in the series circuit?

_____

_____

❷ 【科學問題二】並聯三個有獨立開關的 LED 燈,逐一打開時,LED 燈亮起的情形為何?

【實驗設計與實作】三顆 LED 燈並聯電路(parallel circuit)觀察 LED 燈亮起情形。

請根據圖 2-14 的材料,畫出三顆有開關的 LED 燈並聯電路,並分別標示出哪顆 LED 燈代表紅燈(red light)、黃燈(yellow light)以及綠燈(green light)。

- Draw a parallel circuit that has a battery, three lights with switches.

CH 2　串聯與並聯 Series Circuit and Parallel Circuit

鱷魚夾（alligator clip）

電線（wire）

電池（battery）

電池盒（battery case）

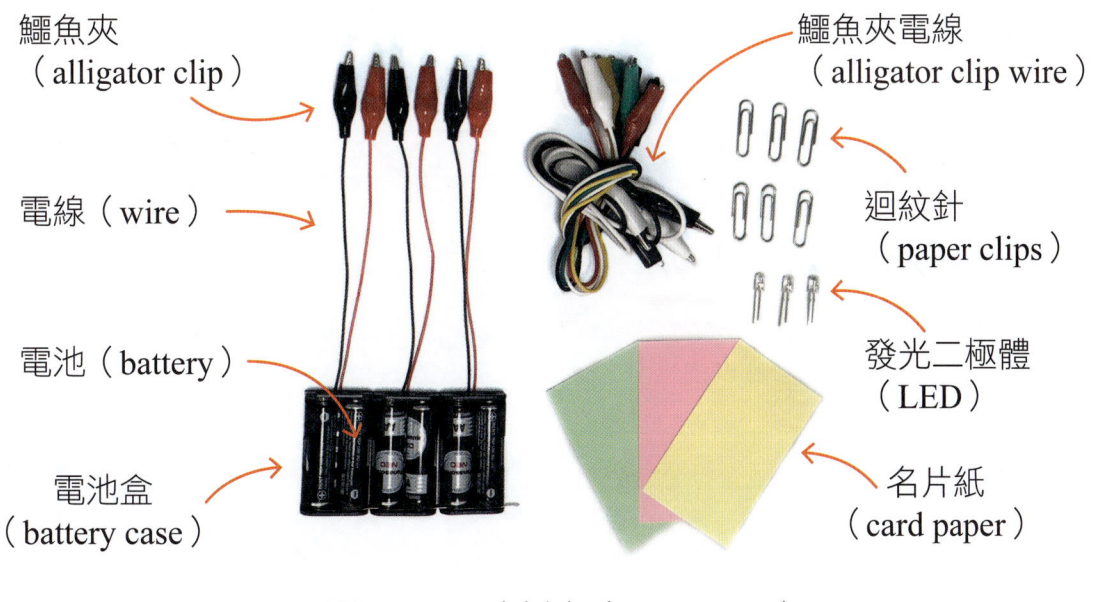

鱷魚夾電線（alligator clip wire）

迴紋針（paper clips）

發光二極體（LED）

名片紙（card paper）

▲圖 2-14　材料（materials）

小提示

1. 一般 3 號 AA 電池的電壓為 1.5 伏特（V）。本書使用之白色 LED 燈約 3 伏特（V），組裝串聯電路或並聯電路時需考量 LED 燈的電壓決定電池使用的數量。
2. 紅綠燈需要幾顆 LED 燈。
3. 材料簡易圖請參照下圖表示。
4. 請參考 p.20「圖 2-5 串聯與並聯電路圖」與 p.21「探究與實作」畫出「實驗設計與實作」。
5. 「三顆有開關的 LED 燈並聯電路」參考繪製圖，請詳見 p.45。

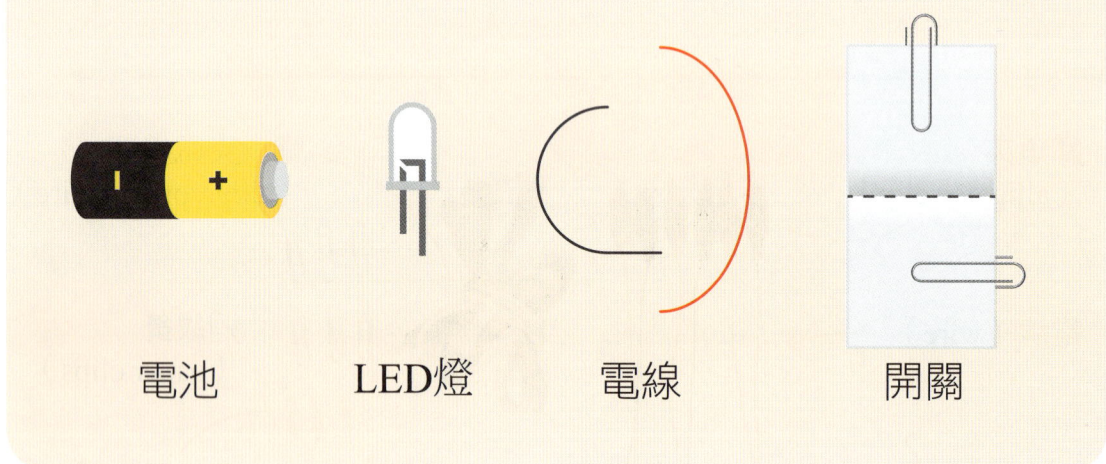

| 電池 | LED燈 | 電線 | 開關 |

CH 2　串聯與並聯 Series Circuit and Parallel Circuit

【實驗測試】請根據「三顆有開關的 LED 燈並聯電路」依序控制開關（switch），觀察 LED 燈亮起情形，並將實驗記錄於下表，亮燈（light on）請打〇；沒亮（light off）請打 ×。

三顆有開關的 LED 燈並聯電路（parallel circuit）			
開關（switches）	LED 燈 1	LED 燈 2	LED 燈 3
1 開　2 關　3 關 (1 on　2 off　3 off)			
1 關　2 開　3 關 (1 off　2 on　3 off)			
1 關　2 關　3 開 (1 off　2 off　3 on)			

35

【問題與討論】請問三顆有開關的 LED 燈並聯時,逐一打開三個燈號的開關,LED 燈發亮情形亮起為何?
Will a single LED light ON when we turn on the switches of the three lights one by one in the parallel circuit?

❸ 【結論】「串聯」還是「並聯」的電路,有符合紅綠燈燈號亮起情形的需求?
What type of circuit is used for traffic lights?

CH2 應聽懂及認讀的單字

- Electricity
- Electric current
- Battery
- Switch
- Gap
- Light
- Wire
- Positive
- Negative
- Electric Circuits
- Open circuit
- Closed circuit
- Series circuit
- Parallel circuit
- Side by side
- One after another

CH2 應聽懂及認讀的探究句型

- In a closed circuit, the switch is on and there is no gap in the circuit.

  The electric current can pass, and the light is on.

- In an open circuit, the switch is off and there is a gap in the circuit.

  The electric current cannot pass, and the light is off.

- In a series circuit, the parts are connected one after another.

  In a parallel circuit, the parts are connected side by side.

三 自評表現 Self-Assessment Exit Ticket

請依照你的學習表現為自己評分，5分為非常同意，1分為非常不同意。

學習表現	非常同意	同意	普通	不同意	非常不同意
1. 我會辨識通路與斷路，並以簡單開關來呈現兩種狀態。 I can tell the difference between open cirtuits and closed circuits using simple switches.	5	4	3	2	1
2. 我會分辨串聯與並聯，進而比較兩者電路的特性。 I can tell the difference between a series circuit and a parallel circuit, and compare how they work.	5	4	3	2	1
3. 我會依問題情境應用開關選擇適合的電路連接方式。 I can use switches to choose the right circuit connection for the given problem situation.	5	4	3	2	1

學習表現	非常同意	同意	普通	不同意	非常不同意
4. 我能獨自完成學習評量，並以英文簡單敘述實驗結果。 I can do the learning assessment on my own and use simple English to talk about the results of the experiment.	5	4	3	2	1
5. 在本單元中，哪個環節是你最喜歡的部分？為何你會最喜歡？ Which part of this unit do you like most and why?					

學習表現

6. 在本單元中,你面臨到何種挑戰,以及你如何克服這些困難?

   What problems did you face during the unit, and how did you solve them?

7. 在本單元中,你學到哪些新的知識?如何應用所學在未來的日常生活?

   What did you learn from this unit, and how can you use it in real life or the future?

CH 2 參考答案

📒 小試身手 Assessment of Learning

1

What type of the closed and open circuit is it?	
(Light, Battery, Switch OFF/ON — lamp lit)	(Light, Battery, Switch OFF/ON — lamp unlit)
It is a closed circuit（通路）. When the switch is on, there is a gap / **(no gap)** in the circuit, the electric current can pass, the circuit is working.	It is an open circuit（斷路）. When the switch is off, there is **(a gap)** / no gap in the circuit, the electric current cannot pass, the circuit is not working.

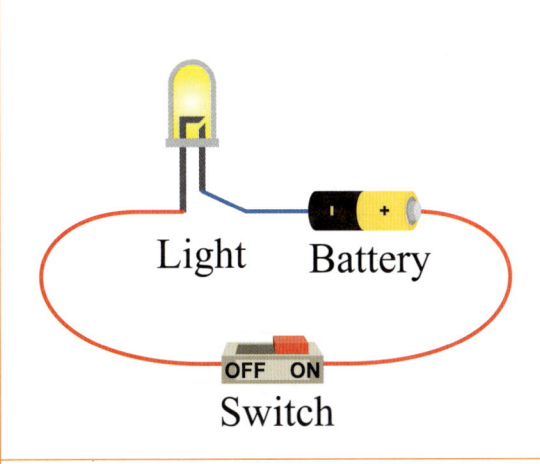

41

❷

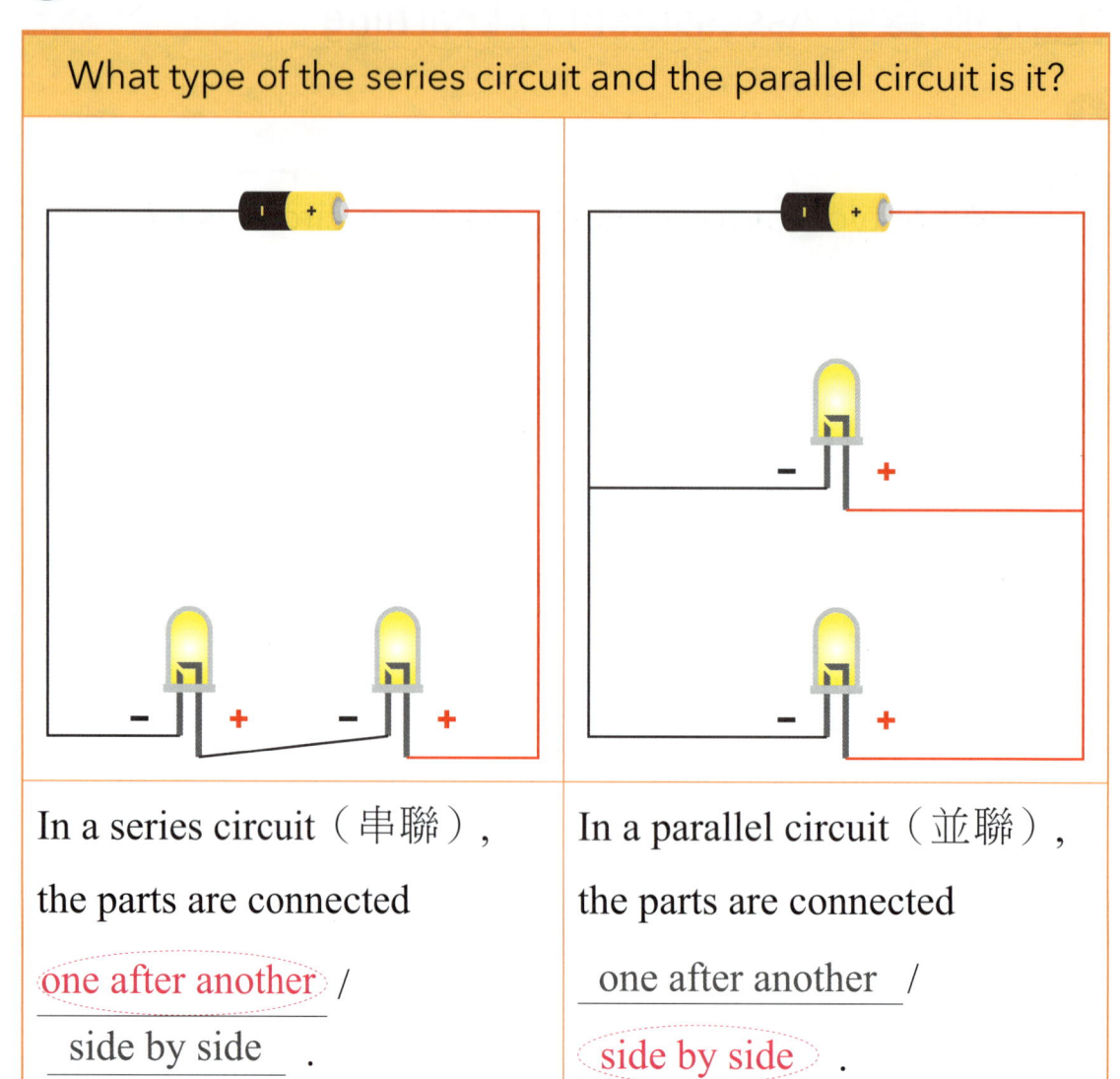

What type of the series circuit and the parallel circuit is it?

In a series circuit（串聯）, the parts are connected ~~one after another~~ / side by side .

In a parallel circuit（並聯）, the parts are connected one after another / ~~side by side~~ .

探究與實作 Inquiry & Practice

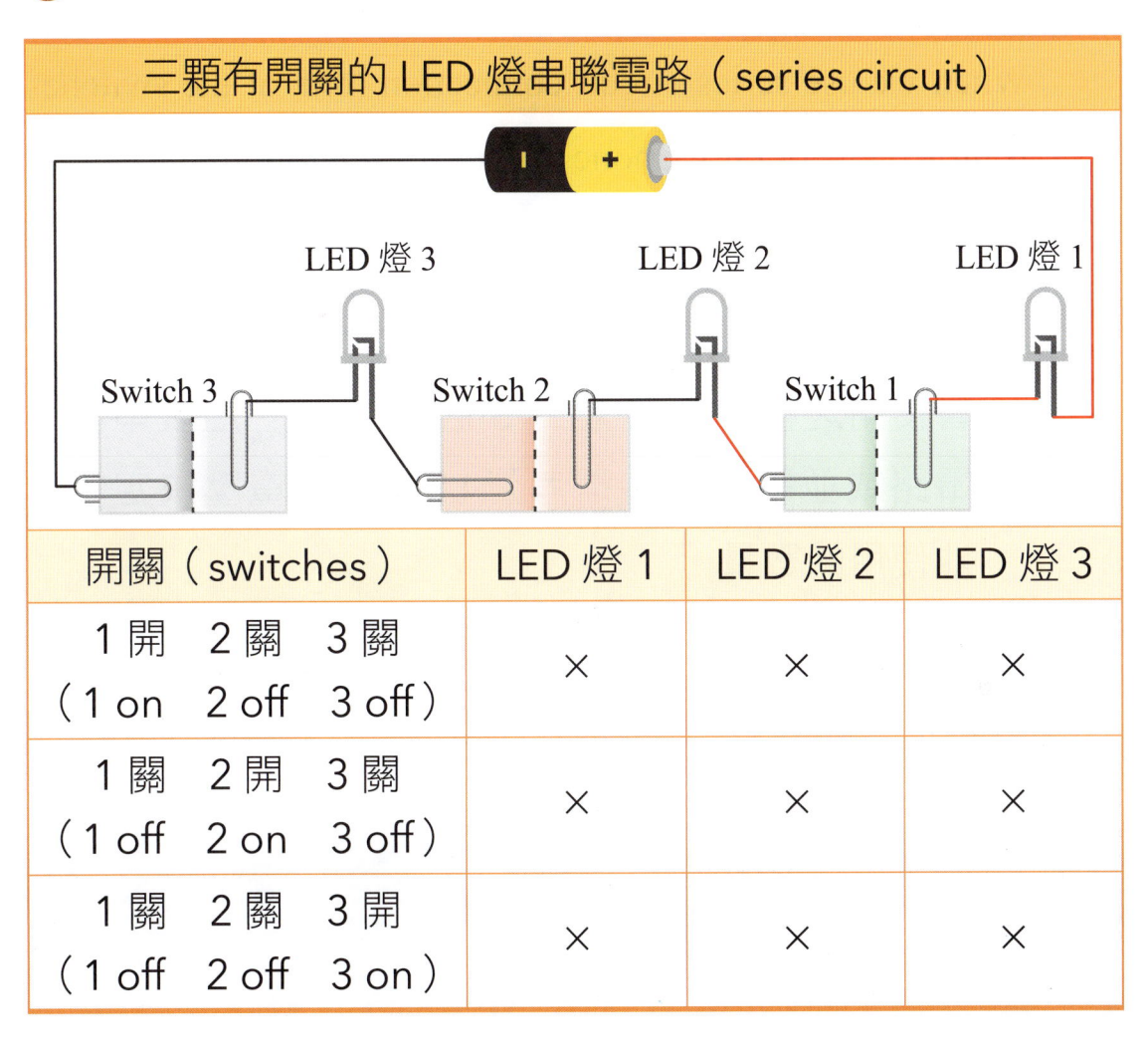

1

三顆有開關的 LED 燈串聯電路（series circuit）

LED 燈 3　　　　LED 燈 2　　　　LED 燈 1

Switch 3　　　Switch 2　　　Switch 1

開關（switches）	LED 燈 1	LED 燈 2	LED 燈 3
1 開　2 關　3 關 （1 on　2 off　3 off）	×	×	×
1 關　2 開　3 關 （1 off　2 on　3 off）	×	×	×
1 關　2 關　3 開 （1 off　2 off　3 on）	×	×	×

43

【問題與討論】實驗結果顯示，如果我們使用串聯的方式來連接電路，當其中一個開關被打開或關閉時，不論哪顆白色 LED 燈都無法發亮。

When we use series circuit connection (one of the switches is turned ON or OFF), none of the LEDs will light ON.

> **小提示**
>
> 一般 3 號 AA 電池的電壓為 1.5 伏特（V）。本書使用之白色 LED 燈約 3 伏特（V），組裝串聯電路或並聯電路時需考量 LED 燈的電壓決定電池使用的數量。

❷

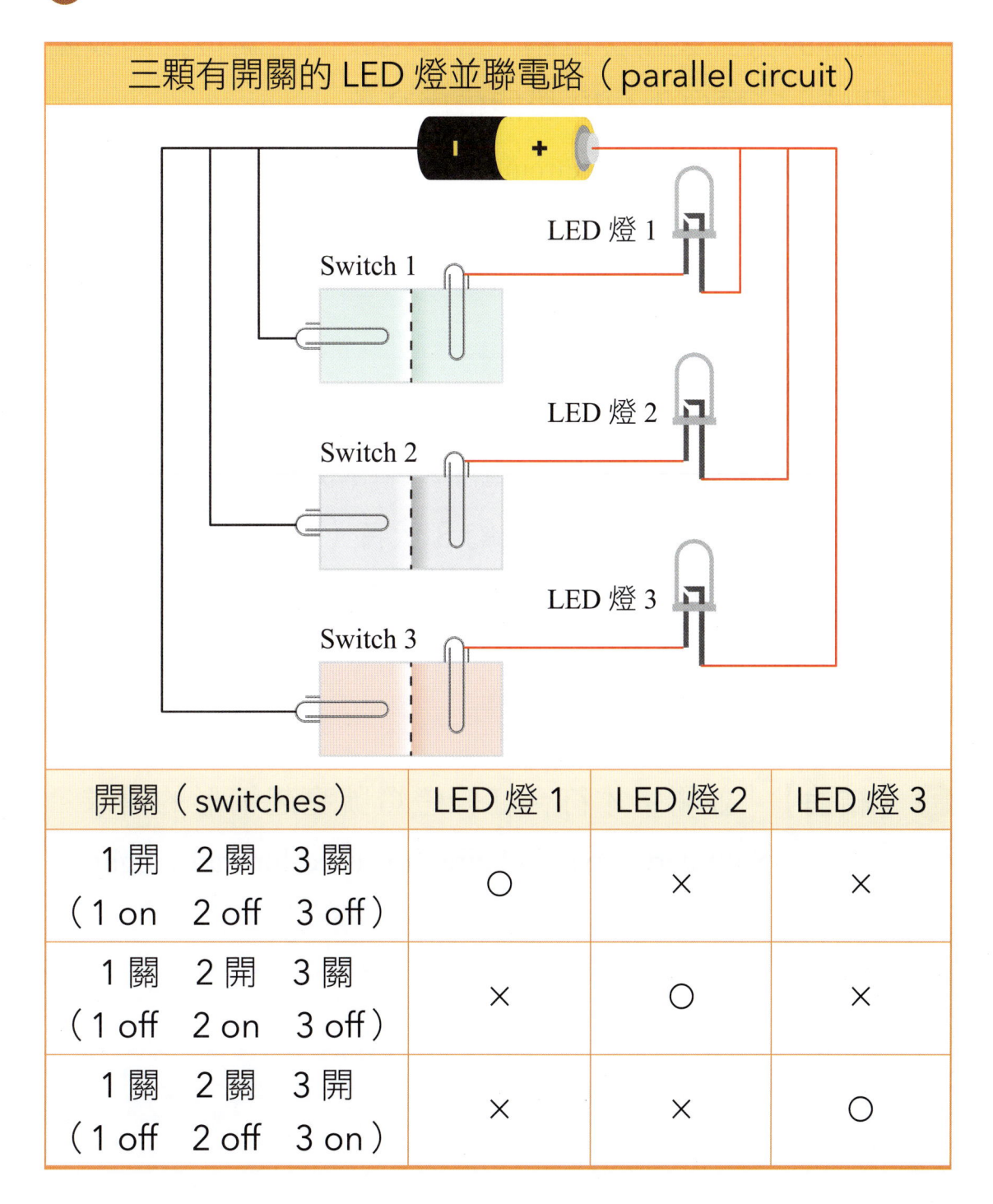

三顆有開關的 LED 燈並聯電路（parallel circuit）

LED 燈 1
Switch 1
LED 燈 2
Switch 2
LED 燈 3
Switch 3

開關（switches）	LED 燈 1	LED 燈 2	LED 燈 3
1 開　2 關　3 關 （1 on　2 off　3 off）	○	×	×
1 關　2 開　3 關 （1 off　2 on　3 off）	×	○	×
1 關　2 關　3 開 （1 off　2 off　3 on）	×	×	○

【問題與討論】從實驗中，我們發現，如果我們使用並聯的方式來連接電路，當其中一個開關被打開或關閉時，三顆白色 LED 燈能依序亮起。

When we use parallel circuit connection (one of the switches is turned ON or OFF), the three LED lights will light ON one by one.

> **小提示**
>
> 一般 3 號 AA 電池的電壓為 1.5 伏特（V）。本書使用之白色 LED 燈約 3 伏特（V），組裝串聯電路或並聯電路時需考量 LED 燈的電壓決定電池使用的數量。

❸ 【結論】「並聯」才符合紅綠燈燈號亮起情形的需求。

　　　　　Summary：parallel circuit is used for traffic lights.

MEMO

CH 3 工程大挑戰 Engineering

紅綠燈架
Traffic Light Stand Modeling

- **學習目標** Intended Learning Outcomes

1. 能分辨並以中英文說出正方形、長方形、圓形、三角形等不同形狀的名稱。
2. 能繪製紅綠燈架設計圖。
3. 能理解塔型建築物高度大於寬度。
4. 能使用紙卡材料搭建穩固的紅綠燈架。
5. 能理解高塔底部越重、越寬,高塔越穩。

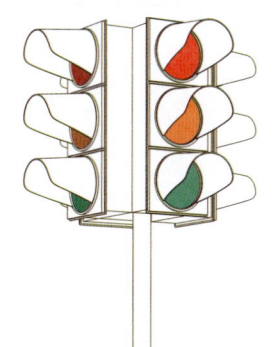

| 核心任務 | 條件要求 | STEAM問題拆解 | 問題解答 |

搭建能自動變換燈號，且至少 30 cm 高立起的紅綠燈模型

→ **Science** → 「紅綠燈」需要有三盞獨立燈號。 → 串聯（series circuit）或並聯（parallel circuit）的電路裝置，哪個能使三顆 LED 燈依序單一發亮？ → 並聯的電路裝置，能使三顆 LED 燈獨立發亮

→ **Engineering** → 「紅綠燈」需要站立能被看見。 → 生活中的回收紙箱如何建立穩固的紅綠燈架？ → ?

一 問題情境 Problem Situation

小明已經把電路接好並放在桌上，現在他面臨一個新的任務。他需要設計一個紙板製成的紅綠燈架，高度至少要有 30 公分，紅綠燈模型才能站立起來並實際運作。為了讓小明瞭解工程師在設計產品時會考慮「成本」及「限制條件」要求，因此，老師限制小明只有新台幣 900 元能購買建材，並告訴小明紙卡都有設計接縫（joint），無須使用膠帶便能將兩張紙卡接在一起，如圖 3-1 示意圖。

> Inquiry-based questions:
> - What is square / rectangle / triangle / circle?
> - How do these shapes look different?
> - What are some ways you could build up a cardboard tower stand?
> - How can you plan and design a cardboard tower stand tall and sturdy?
> - How can you use the engineering thinking (ask, imagine, plan, create and improve) to make a tall and strong cardboard tower stand?

CH 3　紅綠燈架 Traffic Light Stand Modeling

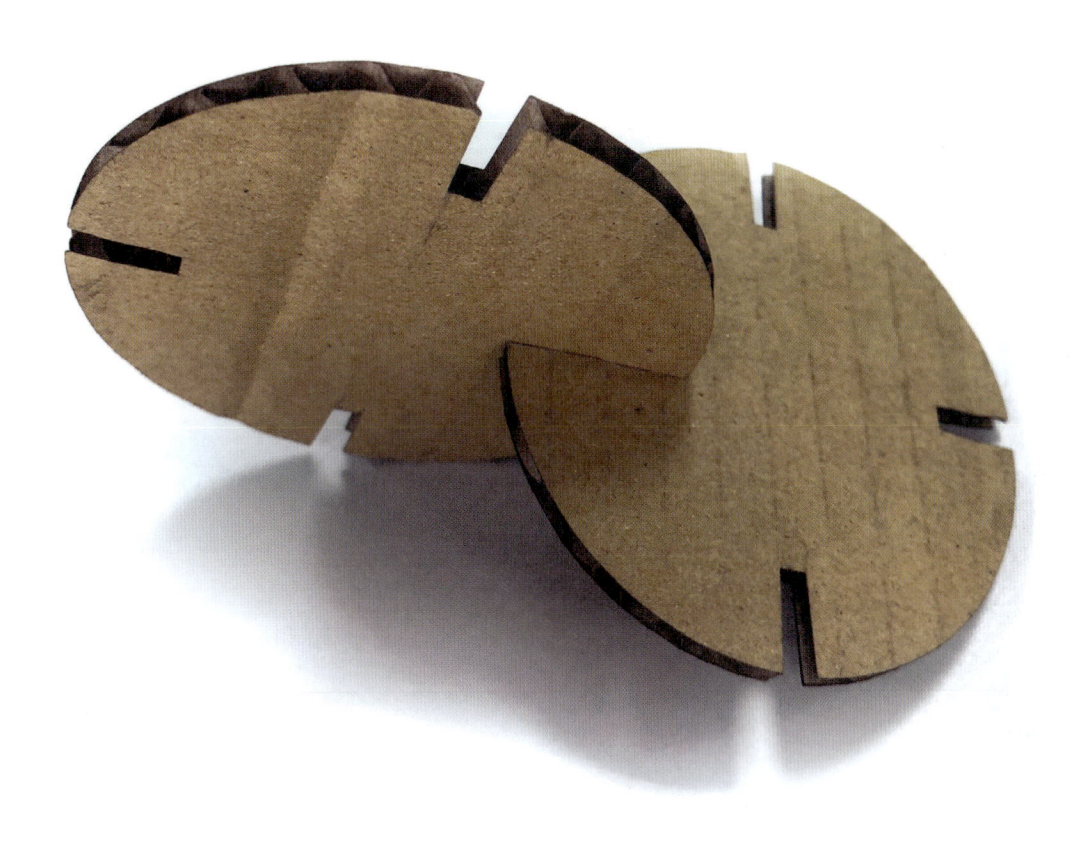

▲圖 3-1　紙卡接縫示意圖

　　讓我們看看表 3-1 的紙卡形狀（shape）與對應價格（price），設計一個穩固且符合支架要求條件的紙卡紅綠燈架。

▼ 表 3-1　紙卡形狀價目表

紙卡形狀 shape of cardboard	價格（單位）price（元）	紙卡形狀 shape of cardboard	價格（單位）price（元）
9cm　大正方形 big square	$100	半徑 = 4.5cm　r　大圓形 big circle	$80
6cm　小正方形 small square	$45	半徑 = 3cm　r　小圓形 small circle	$35
18cm　9cm　大長方形 big rectangle	$200	9cm　三角形 triangle	$50
12cm　6cm　小長方形 small rectangle	$90		

52

CH 3　紅綠燈架 Traffic Light Stand Modeling

小試身手 Assessment of Learning

❶　連連看，請將正確的圖形與對應的單字相連。

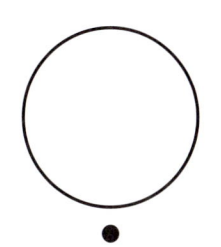

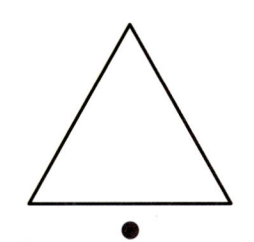

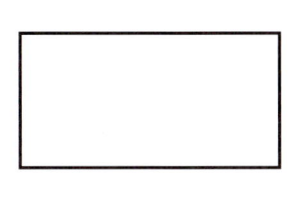

triangle　　square　　rectangle　　circle

53

二　活動任務 Learning Tasks

老師告訴小明工程設計的思考流程，請參考圖 3-2。他建議小明可以根據這個工程設計思考流程來搭建他的紙卡紅綠燈架（traffic light cardboard stand modeling）。因此，小明將建材行的紙卡形狀（shape of cardboard）與價錢（price）記錄起來，決定接受老師的建議。

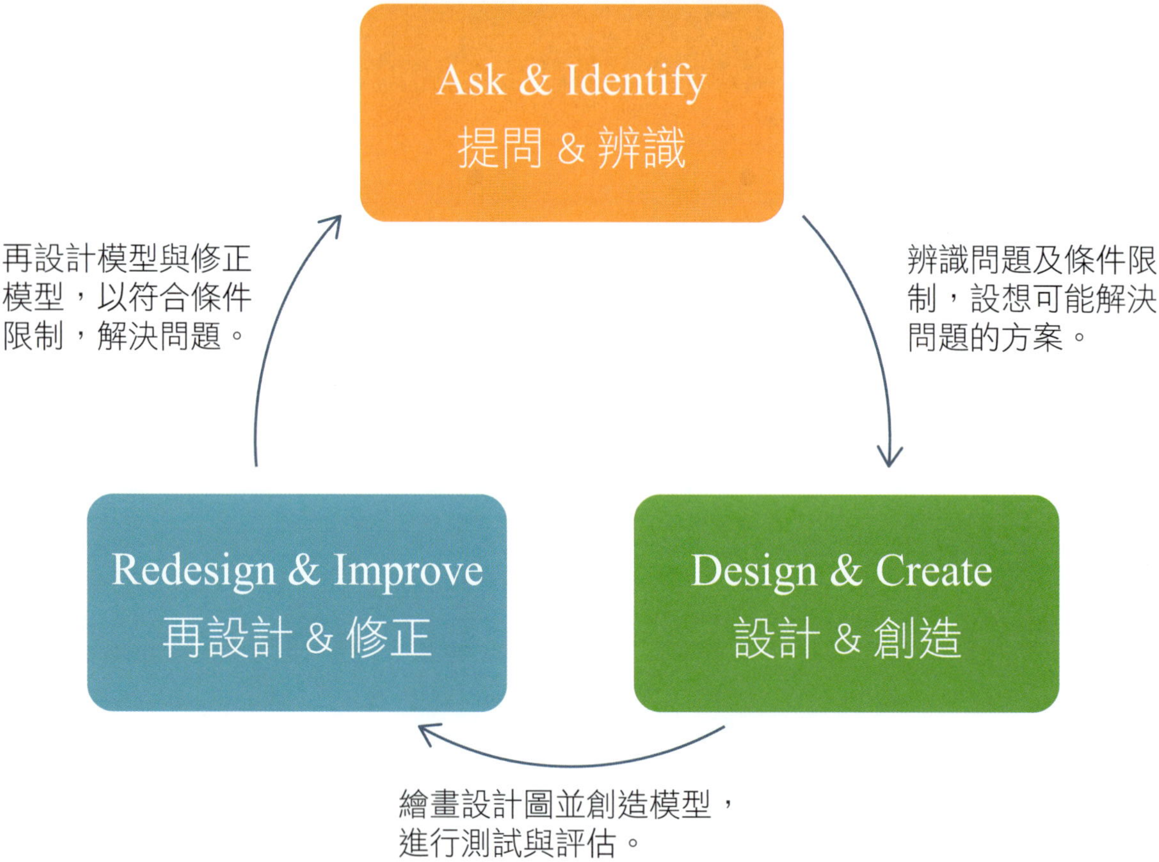

```
          Ask & Identify
            提問 & 辨識

Redesign & Improve        Design & Create
  再設計 & 修正              設計 & 創造
```

- 辨識問題及條件限制，設想可能解決問題的方案。
- 繪畫設計圖並創造模型，進行測試與評估。
- 再設計模型與修正模型，以符合條件限制，解決問題。

▲ 圖 3-2　工程設計思考流程

讓我們一起幫助小明逐一完成紙卡紅綠燈架（traffic light cardboard stand modeling）工程設計思考流程的探究任務吧！

CH 3　紅綠燈架 Traffic Light Stand Modeling

探究與實作 Inquiry & Practice

1 請根據工程設計思考流程完成紅綠燈架（traffic light stand modeling）探究任務。

創客題目編號：F014002　　**40** mins

・創客指標・

外形	機構	電控	程式	通訊	人工智慧	創客總數
2	2	0	0	0	0	4

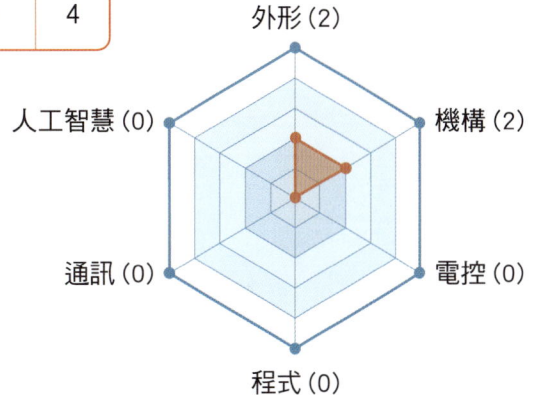

外形(2)
機構(2)
電控(0)
程式(0)
通訊(0)
人工智慧(0)

・綜合素養力・

空間力	堅毅力	邏輯力	創新力	整合力	團隊力	素養總數
2	2	0	1	1	1	7

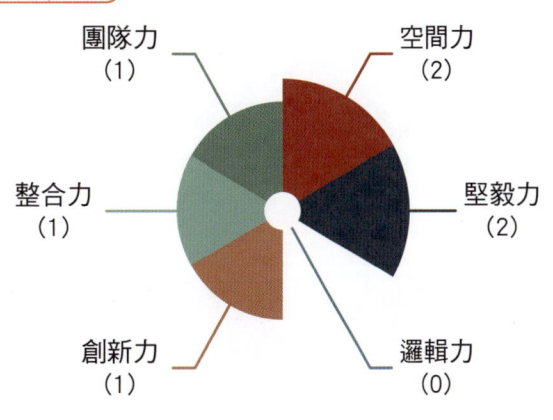

團隊力(1)
空間力(2)
堅毅力(2)
邏輯力(0)
創新力(1)
整合力(1)

Traffic Light stand Modeling

🔍 Ask & Identify

這個任務的目標是什麼？	列出任務的限制條件？
What is the goal of the task?	List the constraints.

CH 3　紅綠燈架 Traffic Light Stand Modeling

Design & Create　利用所提供的材料畫出燈架的設計圖，並列出你所用到的紙卡形狀材料，並說明標示其設計的理由及其功能。

How will you solve the task? Sketch your design plan below. List out all parts/shapes and materials you use.

STEAM 教育雙語小學堂

請依據你的設計圖組裝屬於你的紅綠燈模型，並記錄你實際所使用到的紙卡形狀材料數量及金額。

Build a prototype (A prototype is your first model) and record the materials (shapes and pieces of cardboard) you have used.

紙卡形狀（shape）	紙卡數量（pieces）	價格（dollars）
大正方形 big square (9cm)		
小正方形 small square (6cm)		
大長方形 big rectangle (18cm × 9cm)		
小長方形 small rectangle (12cm × 6cm)		
大圓形 big circle (半徑 = 4.5cm)		
小圓形 small circle (半徑 = 3cm)		
三角形 triangle (9cm)		
合計		

CH 3　紅綠燈架 Traffic Light Stand Modeling

Redesign & Improve

請回答下列的問題，並分享你的設計成品。
Answer the following questions.
Share your design results with everyone.

在建造紅綠燈架的過程中，哪個部分你認為自己做的最好？ What do you think you did well while building your tower?	如果要再修正原型時，你認為哪個部分可以再進行改善？為什麼？ What do you think you could improve on if you got the chance to rebuild?

Let's talk and share my traffic light tower

My traffic light tower is called _____ .

It is about _____ cm tall.

I used a total of _____ cardboard pieces in this traffic light tower task.

There are _____ circle cardboard piece(s),

_____ triangle cardboard piece(s),

_____ square cardboard piece(s),

and _____ rectangle cardboard piece(s).

I spend a total of $ _____ on my traffic light tower.

Inquiry-based learning answers for ENGINEERING:

- I can figure out different shopes.
- I can make out the cardboard joints being joined one by one.
- I can understand the problem and task.
- I can think of the things I would need to solve the problem.
- I can draw the plans and make them.
- I can use different pieces to build a tall and sturdy cardboard tower.
- I can create a model / prototype.

CH3 應聽懂及認讀的單字

Engineering thinking
- Ask & Identify
- Design & Create
- Redesign & Improve

Shapes
- Square
- Rectangle
- Triangle
- Circle

Materials
- Cardboard
- Joints

Tasks
- Tall
- Sturdy

CH3 應聽懂及認讀的探究句型

- I can tell the different shapes of cardboards.
  It is square / rectangle / circle / triangle.
- I can connect the joints .
- I can put cardboard pieces together.
- I can build a tall and sturdy cardboard stand.
- I can ask, imagine, plan, create and improve.

三 自評表現 Self-Assessment Exit Ticket

請依照你的學習表現為自己評分，5 分為非常同意，1 分為非常不同意。

學習表現	非常同意	同意	普通	不同意	非常不同意
1. 我能分辨並以中英文說出正方形、長方形、圓形、三角形等不同形狀的名稱。 I can tell the difference between shapes like square, rectangle, circle, and triangle and name them in both Chinese and English.	5	4	3	2	1
2. 我能理解問題並清楚思考解決該問題的所需條件與步驟。 I can see the problem, list the limitations, and follow the thinking steps.	5	4	3	2	1

學習表現	非常同意	同意	普通	不同意	非常不同意
3. 我能畫出簡易模型支架設計圖並說明其設計理由及功能。 I can draw a simple plan of model stand and explain how it works and why it was made that way.	5	4	3	2	1
4. 我能以最少的紙卡材料搭建簡易模型支架。 I can make a simple model stand with the fewest pieces of cardboard.	5	4	3	2	1
5. 我會修正設計圖，改進來符合情境需求。 I can change and revise the design drawing to improve and meet the needs / requirements of the problem / plan.	5	4	3	2	1

學習表現

6. 在本單元中,哪個環節是你最喜歡的部分?為何你會最喜歡?

   Which part of this unit do you like most and why?

7. 在本單元中,你面臨到何種挑戰,以及你如何克服這些困難?

   What problems did you face during the unit, and how did you solve them?

8. 在本單元中,你學到哪些新的知識?如何應用所學在未來的日常生活?

   What did you learn from this unit, and how can you use it in real life or the future?

CH 3　紅綠燈架 Traffic Light Stand Modeling

知識補給站 Knowledge Station

各種形狀之面積計算：

紙卡形狀 shape of cardboard	平面圖型面積公式 2D shape area formula	形狀面積 area of shapes（cm²）
大正方形 big square（9cm）	$A = s^2$ s = length of side 正方形面積：邊長 × 邊長	9 cm × 9 cm = 81 cm²
大長方形 big rectangle（18cm × 9cm）	$A = bh$ b = base h = height 長方形面積：長 × 寬	18 cm × 9 cm = 162 cm²
小正方形 small square（6cm）	$A = s^2$ s = length of side 正方形面積：邊長 × 邊長	6 cm × 6 cm = 36 cm²

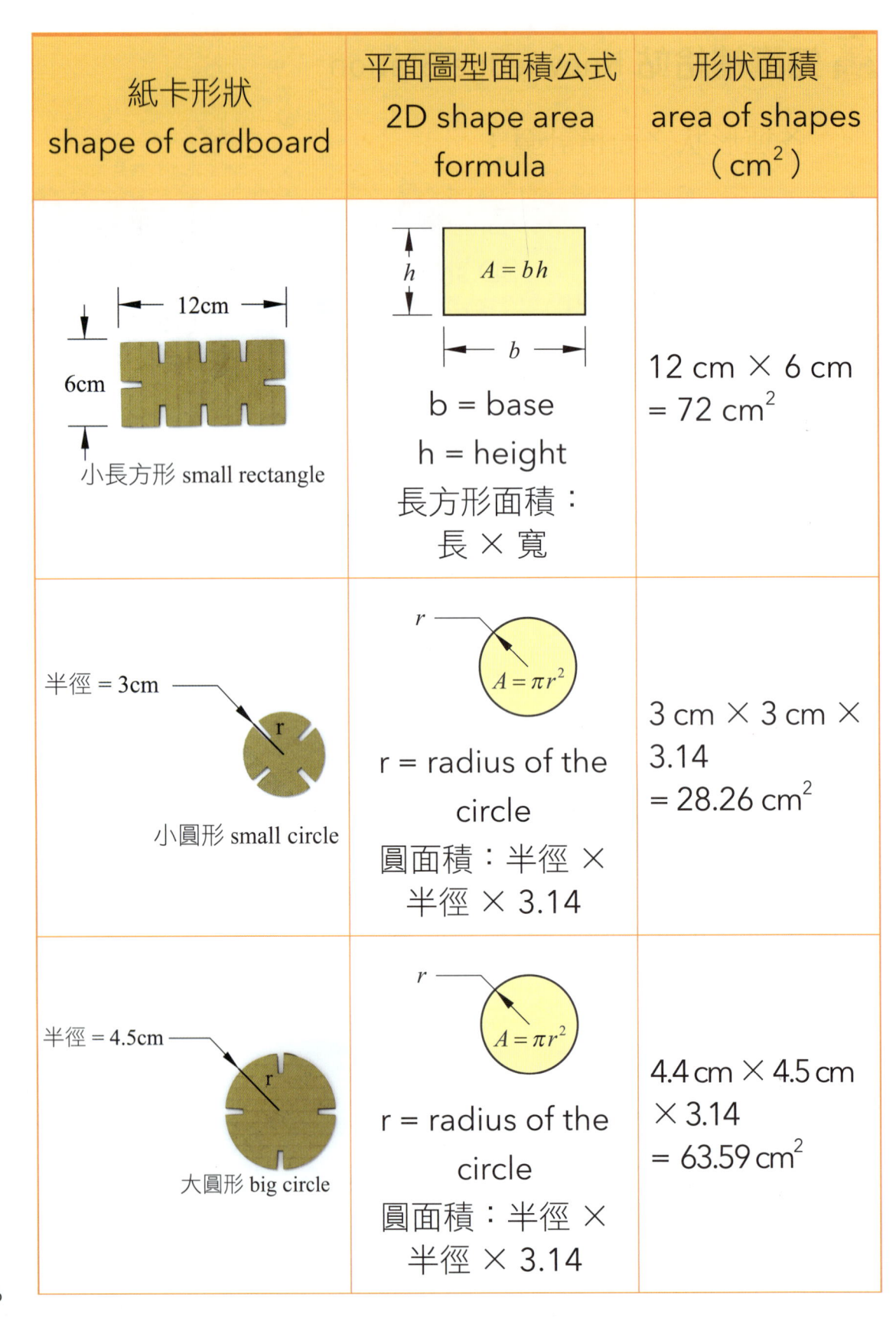

紙卡形狀 shape of cardboard	平面圖型面積公式 2D shape area formula	形狀面積 area of shapes （cm²）
12cm 6cm 小長方形 small rectangle	$A = bh$ b = base h = height 長方形面積： 長 × 寬	12 cm × 6 cm = 72 cm²
半徑 = 3cm 小圓形 small circle	$A = \pi r^2$ r = radius of the circle 圓面積：半徑 × 半徑 × 3.14	3 cm × 3 cm × 3.14 = 28.26 cm²
半徑 = 4.5cm 大圓形 big circle	$A = \pi r^2$ r = radius of the circle 圓面積：半徑 × 半徑 × 3.14	4.4 cm × 4.5 cm × 3.14 = 63.59 cm²

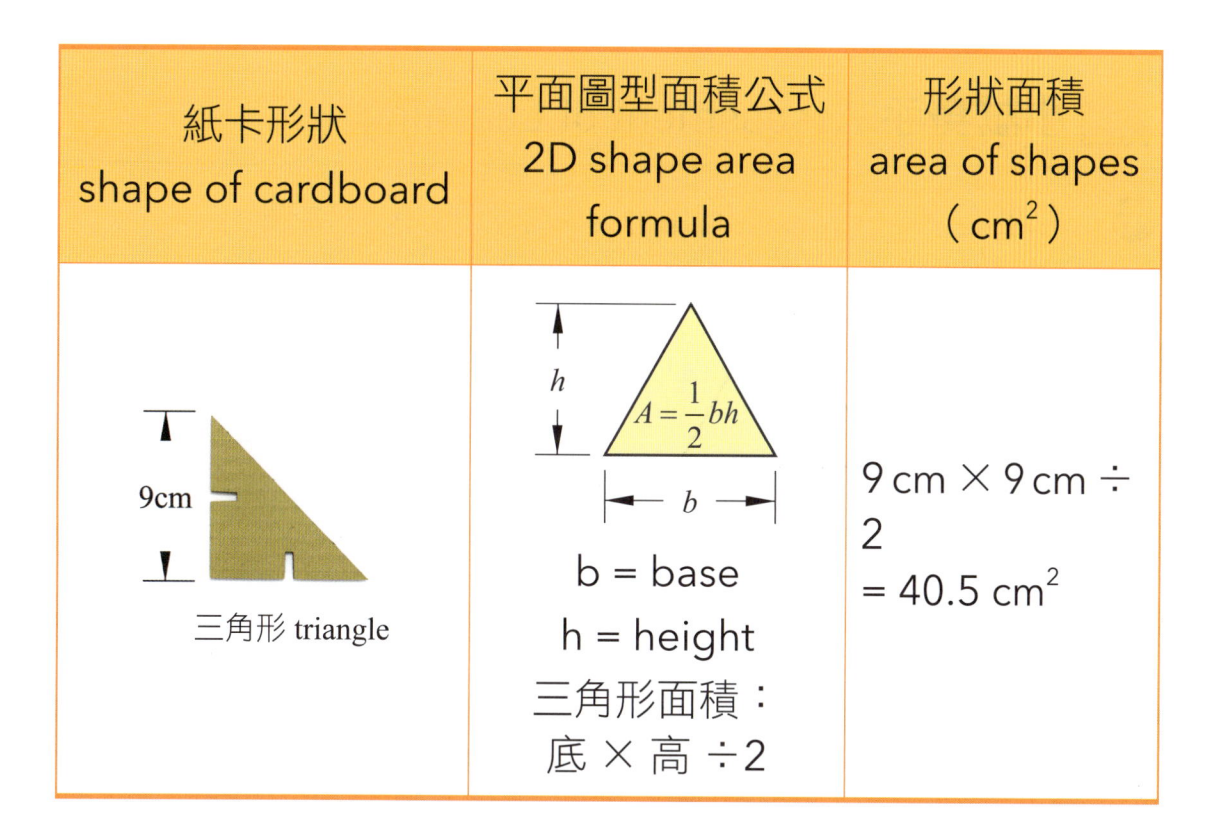

CH 3　紅綠燈架 Traffic Light Stand Modeling

紙卡形狀 shape of cardboard	平面圖型面積公式 2D shape area formula	形狀面積 area of shapes（cm²）
9cm 三角形 triangle	$A = \frac{1}{2}bh$ b = base h = height 三角形面積： 底 × 高 ÷ 2	9 cm × 9 cm ÷ 2 = 40.5 cm²

67

CH 3 參考答案

小試身手 Assessment of Learning

① 連連看，請將正確的圖形與對應的單字相連。

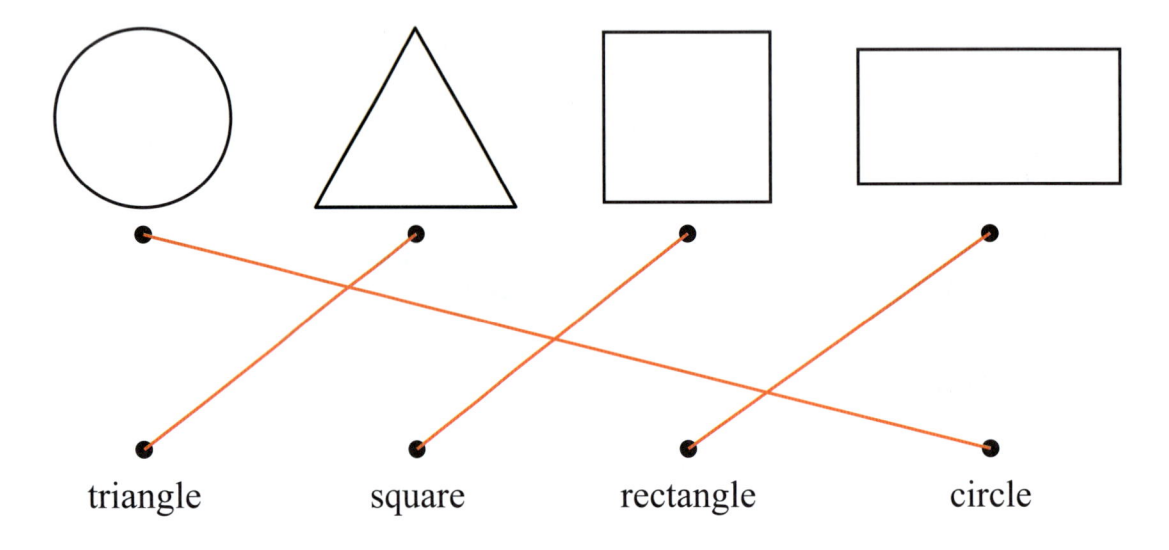

○　　△　　□　　▭

triangle　　square　　rectangle　　circle

(○—circle, △—triangle, □—square, ▭—rectangle)

探究與實作 Inquiry & Practice

1

Traffic Light stand Modeling

🔍 Ask & Identify

這個任務的目標是什麼？ What is the goal of the task?	列出任務的限制條件？ List the constraints.
組裝紙卡紅綠燈架	1. 高度至少要有30公分，並且能夠穩穩地站立。 2. 只有900元的零用錢可以購買材料。

Design & Create 利用所提供的材料畫出燈架的設計圖，並列出你所用到的紙卡形狀材料，並說明標示其設計的理由及其功能。

How will you solve the task? Sketch your design plan below. List out all parts/shapes and materials you use.

略

請依據你的設計圖組裝屬於你的紅綠燈模型，並記錄你實際所使用到的紙卡形狀材料數量及金額。

Build a prototype (A prototype is your first model) and record the materials (shapes and pieces of cardboard) you have used.

紙卡形狀（shape）	紙卡數量（pieces）	價格（dollars）
大正方形 big square (9cm)	2	100 × 2 = 200
小正方形 small square (6cm)	2	45 × 2 = 90
大長方形 big rectangle (18cm × 9cm)	0	0
小長方形 small rectangle (12cm × 6cm)	2	90 × 2 = 180
大圓形 big circle (半徑 = 4.5cm)	2	80 × 2 = 160
小圓形 small circle (半徑 = 3cm)	4	35 × 4 = 140
三角形 triangle (9cm)	2	50 × 2 = 100
合計	14	870

Redesign & Improve

請回答下列的問題，並分享你的設計成品。
Answer the following questions.
Share your design results with everyone.

在建造紅綠燈架的過程中，哪個部分你認為自己做的最好？ What do you think you did well while building your tower?	如果要再修正原型時，你認為哪個部分可以再進行改善？為什麼？ What do you think you could improve on if you got the chance to rebuild?
略	略

Let's talk and share my traffic light tower

My traffic light tower is called _____略_____ .

It is about _____30_____ cm tall.

I used a total of _____14_____ cardboard pieces in this traffic light tower task.

There are _____6_____ circle cardboard piece(s),

_____2_____ triangle cardboard piece(s),

_____4_____ square cardboard piece(s),

and _____2_____ rectangle cardboard piece(s).

I spend a total of $ _____870_____ on my traffic light tower.

CH 4

數學大考驗 Math

紅綠燈秒數
The Signal Timing of Traffic Light

• **學習目標** Intended Learning Outcomes

1. 能了解紅綠燈燈號變換規律。
2. 能初步估算一次綠燈讓全部車子通過的秒數。

| 核心任務 | 條件要求 | STEAM問題拆解 | 問題解答 |

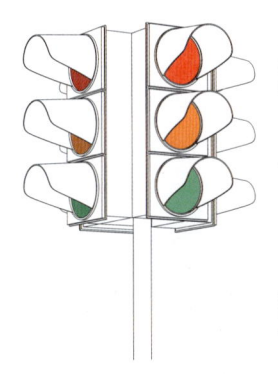

搭建能自動變換燈號，且至少 30 cm 高立起的紅綠燈模型

Science → 「紅綠燈」需要有三盞獨立燈號。 → 串聯（series circuit）或並聯（parallel circuit）的電路裝置，哪個能使三顆 LED 燈依序單一發亮？ → 並聯的電路裝置，能使三顆 LED 燈獨立發亮

Engineering → 「紅綠燈」需要站立能被看見。 → 生活中的回收紙箱如何建立穩固的紅綠燈架？ → 利用不同形狀的紙卡設計紅綠燈架模型

Mathematics → 「紅綠燈」需要有秒數設定。 → 停等紅燈的車子全數通過路口一次需要多少時間？ → ?

STEAM 教育雙語小學堂

一 問題情境 Problem Situation

完成了紅綠燈的製作及燈架後，小明思考紅綠燈應該設定多久的時間呢？如果南北向的中山路上要通過東西向的民權路，我們希望在中山路上正在等待紅綠燈的所有車子都可以一次綠燈通過。綠燈的秒數如何設定？讓我們幫小明收集資料解決問題吧！

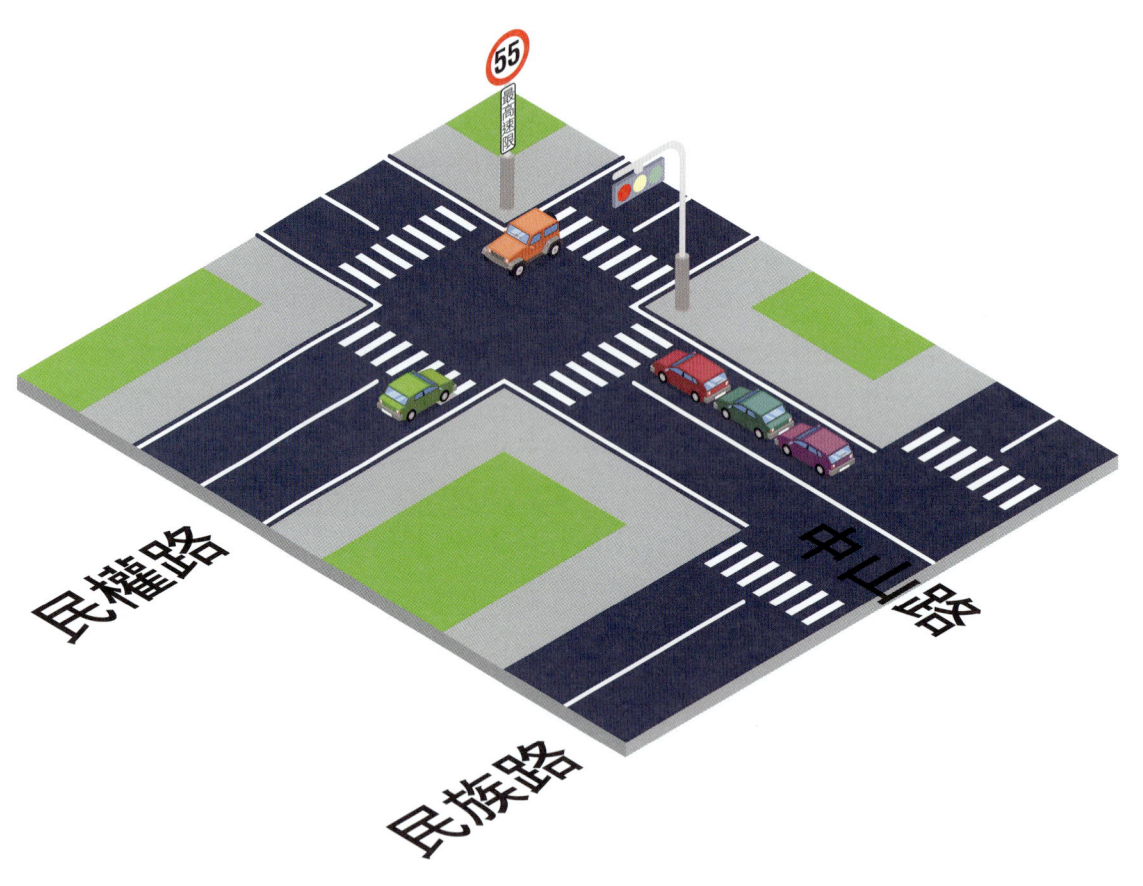

▲圖 4-1　中山路與民權路路口示意圖

知識補給站 Knowledge Station

　　道路交通標誌標線號誌設置規則§231規定，行車速限50公里/小時以下得設置3秒黃燈，51～60公里/小時得設置4秒黃燈，61公里/小時以上得設置5秒黃燈。

🚩 **交通安全宣導**：行車管制號誌燈號之變換，紅、黃、綠三色燈號方式應依綠燈、黃燈、紅燈之規律。「不闖紅燈，不搶黃燈」紅燈表示禁止通行，若遇紅燈需要停下等待綠燈；黃燈雖允許通行，但若是變換黃燈時在停等線內，應減速停止，等待下一個綠燈後通行；若已超過停等線尚未通過者，需盡速通過，以免發生危險。

the signaling pattern.

禁止通行
A red light means **STOP**.

允許**通行即將結束**
紅燈就快亮起
A yellow light means **SLOW DOWN** and be **READY TO STOP**.

允許通行
A green light means **GO**.

▲ 圖 4-2

Inquiry-based questions:

・What do you see the signaling patterns of the traffic light?

・How do you decide how long the traffic light is green or red?

・How long does a car need to safely move across the intersection?

CH 4　紅綠燈秒數 The Signal Timing of Traffic Light

📝 小試身手 Assessment of Learning

❶ 請完成下表中紅綠燈分別代表著什麼意思呢？

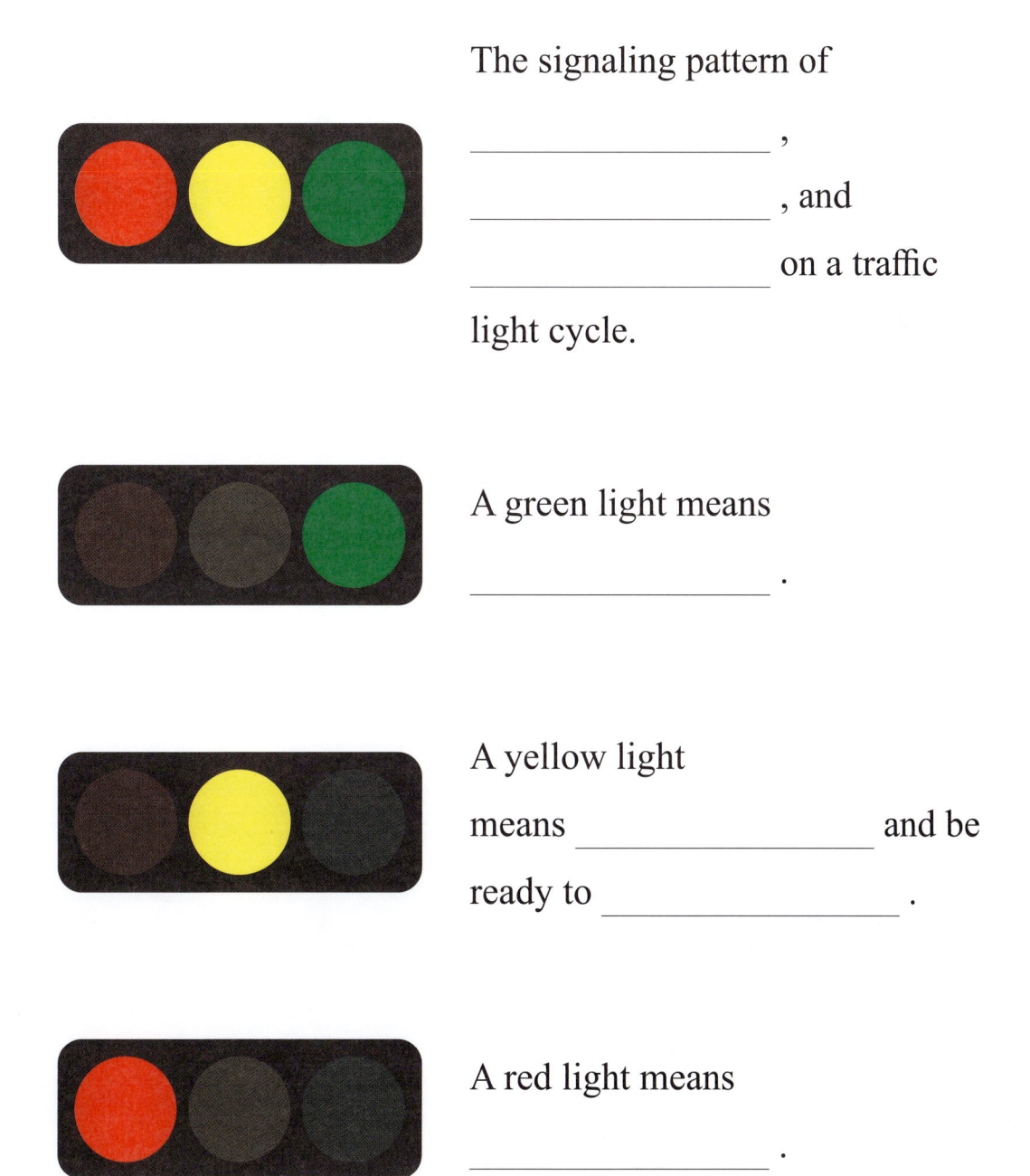

The signaling pattern of
_____ ,
_____ , and
_____ on a traffic
light cycle.

A green light means
_____ .

A yellow light means _____ and be ready to _____ .

A red light means
_____ .

79

二 活動任務 Learning Tasks

小明回到了路口（intersection），觀察到此民權路與民族路之間有 120 公尺（120 meters）長。他知道在有紅綠燈的路段，當綠燈亮起時，第一臺停下的車子從停車線開始，完全通過路口需要大約 5 秒鐘。而第二臺車也在綠燈時同時行進，所以讓車穿越「路口」只要約 3 秒鐘。再來，第三臺車以後的車輛，只需約 1 秒鐘。整體平均每臺車約 1.3 秒鐘。另每臺車在停在馬路上車子與車子需有安全距離，平均而言，每臺車子佔路用長度 6 公尺（6 meters）。

CH 4　紅綠燈秒數 The Signal Timing of Traffic Light

探究與實作 Inquiry & Practice

小明觀察敘述的資訊，我們來幫助小明一起完成中山路與民權路路口（intersection）紅綠燈秒數的設定任務吧！記得把算式做法都記下來喔。

創客題目編號：F014003　　30 mins

・創客指標・

外形	機構	電控	程式	通訊	人工智慧	創客總數
2	1	0	0	0	0	3

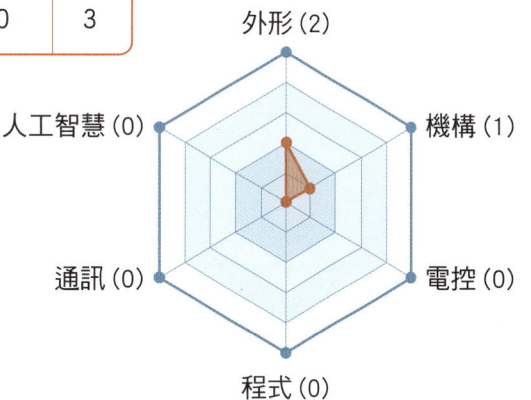

・綜合素養力・

空間力	堅毅力	邏輯力	創新力	整合力	團隊力	素養總數
2	1	0	1	1	1	6

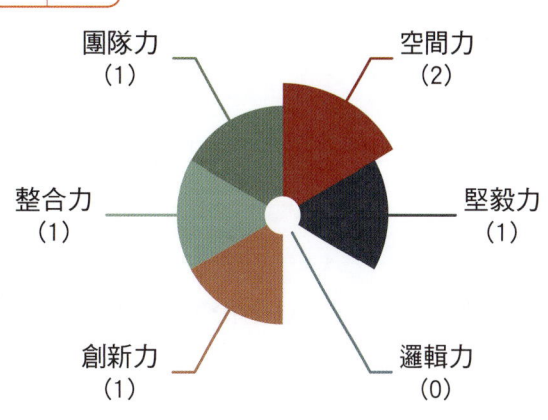

81

問題 Required / Asked	❶ 計算<u>中山路</u>上北往<u>民權路</u>方向，紅燈時最多可以停等多少輛車（car）？ ▲ 圖 4-3
線索 Given	線索 1：<u>中山路</u>有 120 公尺長（120 meters）。 線索 2：每臺車需要 6 公尺（6 meters）的停等空間。
算式 Equation	
答案 Answer	北往<u>民權路</u>的<u>中山路</u>上紅燈時最多可以停等＿＿＿＿輛車。 At the red light, there can be a maximum of ＿＿＿＿ cars waiting.

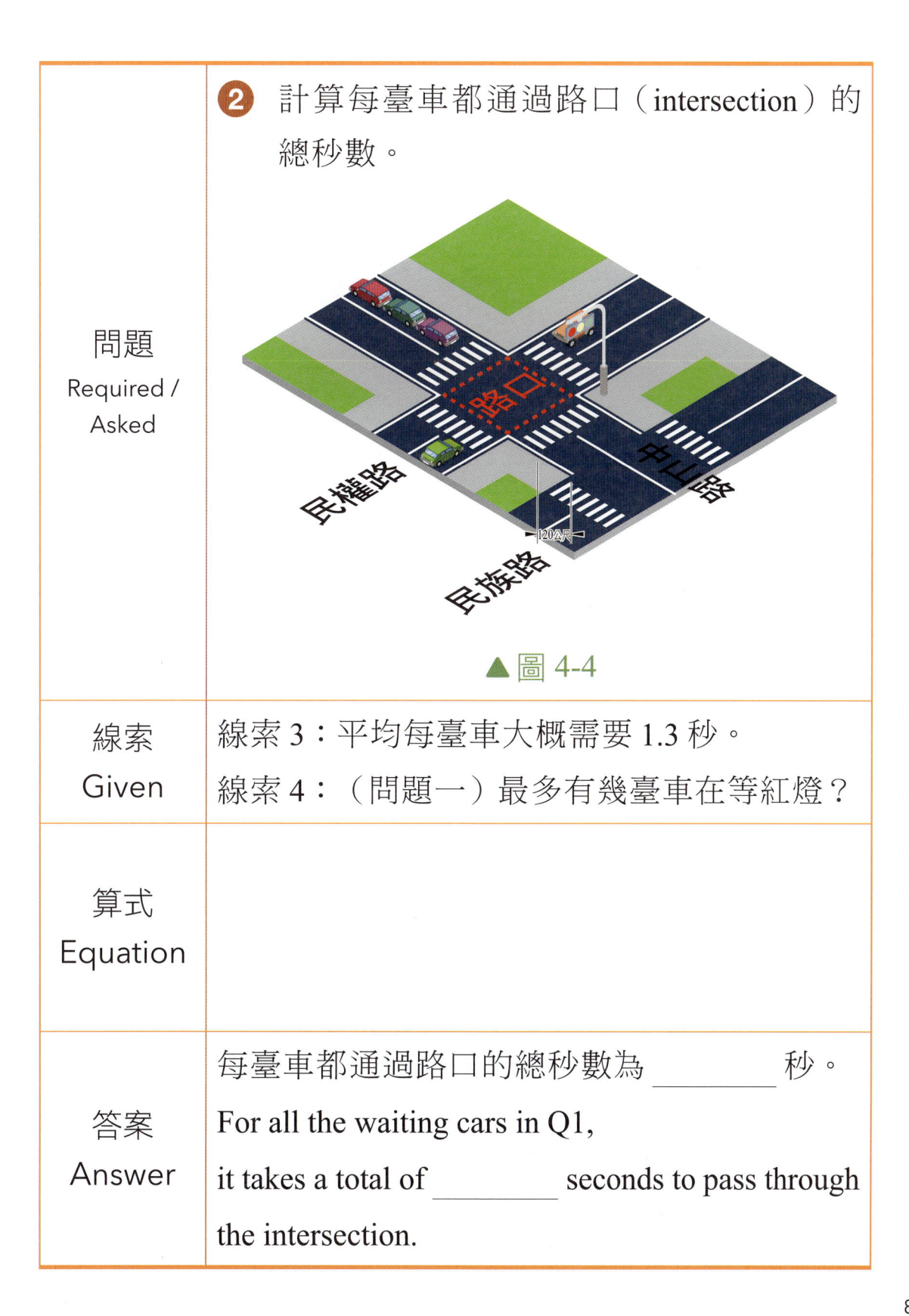

CH 4　紅綠燈秒數 The Signal Timing of Traffic Light

問題 Required / Asked	❷ 計算每臺車都通過路口（intersection）的總秒數。 ▲ 圖 4-4
線索 Given	線索 3：平均每臺車大概需要 1.3 秒。 線索 4：（問題一）最多有幾臺車在等紅燈？
算式 Equation	
答案 Answer	每臺車都通過路口的總秒數為 ＿＿＿＿ 秒。 For all the waiting cars in Q1, it takes a total of ＿＿＿＿ seconds to pass through the intersection.

83

問題 Required / Asked	❸ 歸納計算出紅綠燈的紅、黃、綠燈分別需要多少秒數？ ▲ 圖 4-5
線索 Given	線索 5：「黃燈」秒數的設置規定依據該路段的速限來決定。依「道路交通標誌標線號誌設置規則」第 231 條規定， 行車速限： 50 公里 / 小時以下得設置 3 秒黃燈 51～60 公里 / 小時得設置 4 秒黃燈 61 公里 / 小時以上得設置 5 秒黃燈。 線索 6：（題目二）全部的車通過路口需要的總秒數。

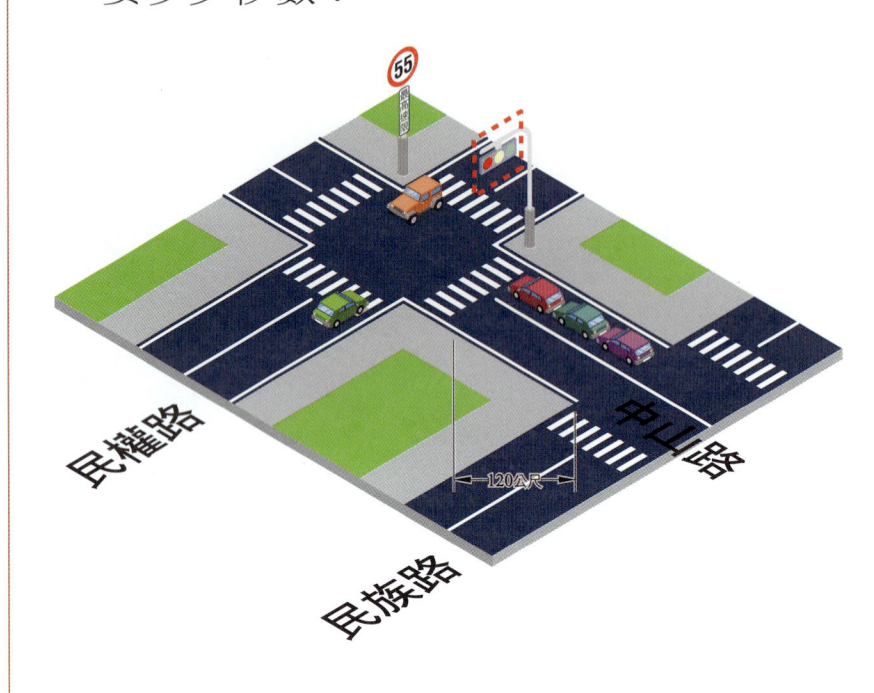

CH 4　紅綠燈秒數 The Signal Timing of Traffic Light

線索 Given	假設：<u>民權路</u>的道路速限和車流量都與<u>中山路</u>相同。<u>中山路</u>紅燈時間就是讓<u>民權路</u>的車輛通行的時間。
算式 Equation	• 黃燈： • 紅燈： • 綠燈：
答案 Answer	該路口的交通號誌紅、黃、綠燈顯示時間分別需要的秒數為： 紅燈 _____ 秒、黃燈 _____ 秒、綠燈 _____ 秒。 For each cycle of the lights, red is for _____ seconds, yellow for _____ seconds, and green for _____ seconds.

Inquiry-based learning answers for MATH:
- It takes _____ to move across the intersection.
- For each signal timing cycle of the traffic light, red is for _____ seconds, yellow for _____ seconds, and green for _____ seconds.

探究與實作參考答案 Inquiry & Practice

1 北往民權路前的中山路上紅燈時最多可以停等 __20__ 輛車。

解題 Solution

120 ÷ 6 = 20 輛

2 每臺車都通過路口的總秒數為 __26__ 秒。

解題 Solution

1.3 × 20 = 26 秒

3 該路口的交通號誌紅、黃、綠燈顯示時間分別需要的秒數為

紅燈 __26__ 秒、黃燈 __4__ 秒、綠燈 __22__ 秒。

解題 Solution

本路段速限 55 公里，得設置 4 秒黃燈。

紅燈為每臺車通過路口的總秒數：26 秒。

綠燈 = 26 秒（紅燈）− 4 秒（黃燈）= 22 秒。

📝 小試身手 Assessment of Learning

② 小明關心小美在課堂上總是無精打采，當他問小美為什麼時，小美告訴他，她每天都很擔心會睡過頭而遲到學校，所以常常匆匆忙忙地沒有吃早餐就直接出門了。小明認為，如果小美等紅燈的時間能縮短，那麼小美上學的時間就能減少，也許就有時間可以買早餐吃了。

小美告訴他，從她家到最近的早餐店買完早餐約需要 15 分鐘，然後再到學校，如果不需要停等紅燈，還需要 25 分鐘的車程。小明想幫助小美找出一條既能買到早餐又不會遲到的最佳上學路線。

根據小美的說法，小明畫出了一幅從小美家到學校的簡易地圖。現在，我們的任務就是要找出小美應該在什麼時候離家，以及她應該走哪條路，才能在學校規定的 7 時 30 分前到達學校，並且還能吃到早餐。讓我們一起來幫助小明和小美解決這個問題吧！

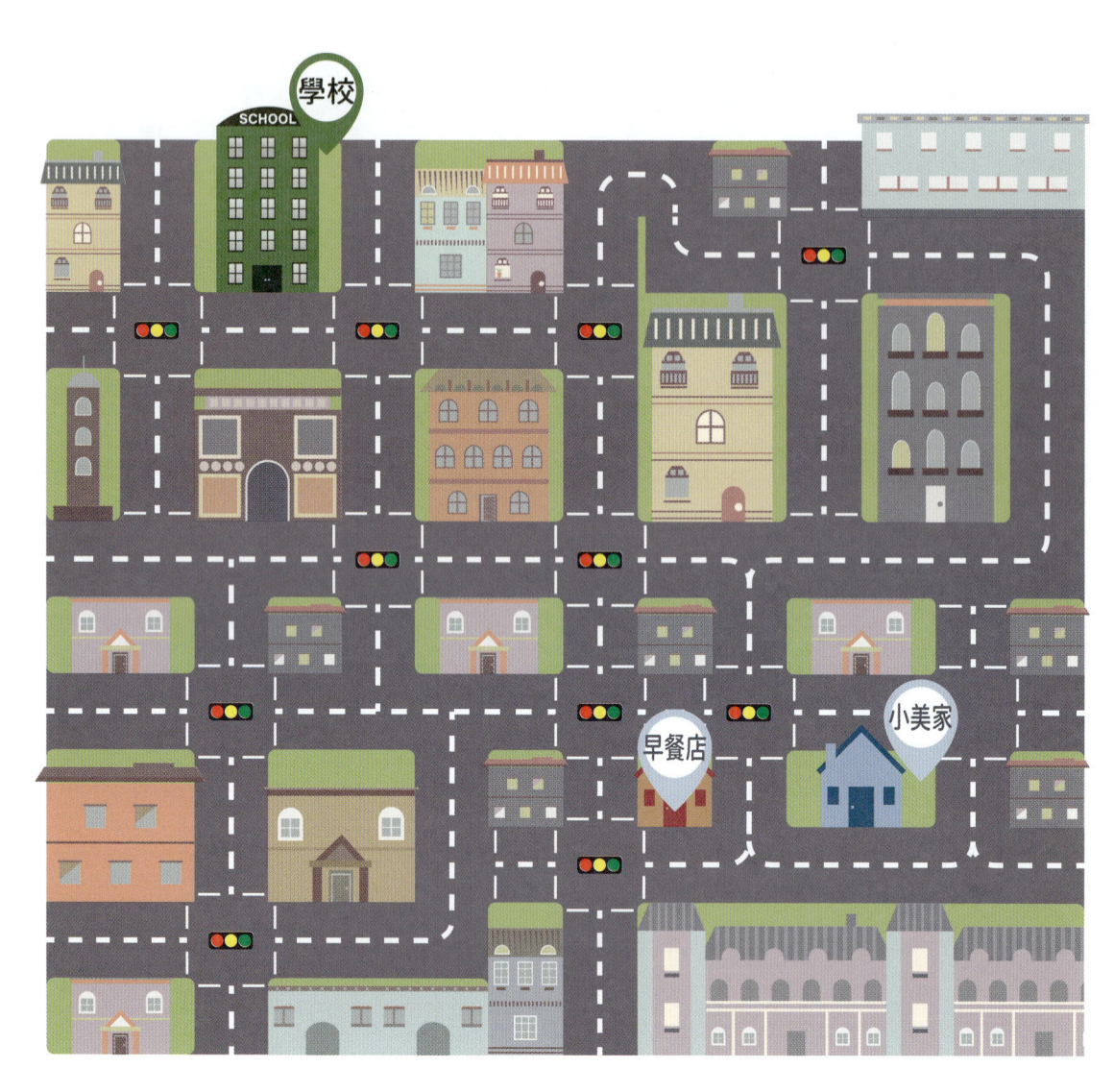

▲ 圖 4-6　小美家到學校簡易地圖

CH 4　紅綠燈秒數 The Signal Timing of Traffic Light

問題 Required / Asked	小美最晚幾點要從家裡出發，才能到早餐店買早餐且上學不會遲到呢？
Required / Asked	線索 1：從小美家到學校哪一條路線遇到的紅綠燈最少？ 　　　　請畫出路線圖，並把經過的紅綠燈圈起來。 線索 2：如果遇到的紅綠燈剛好是紅燈，最多需要多花幾分鐘？

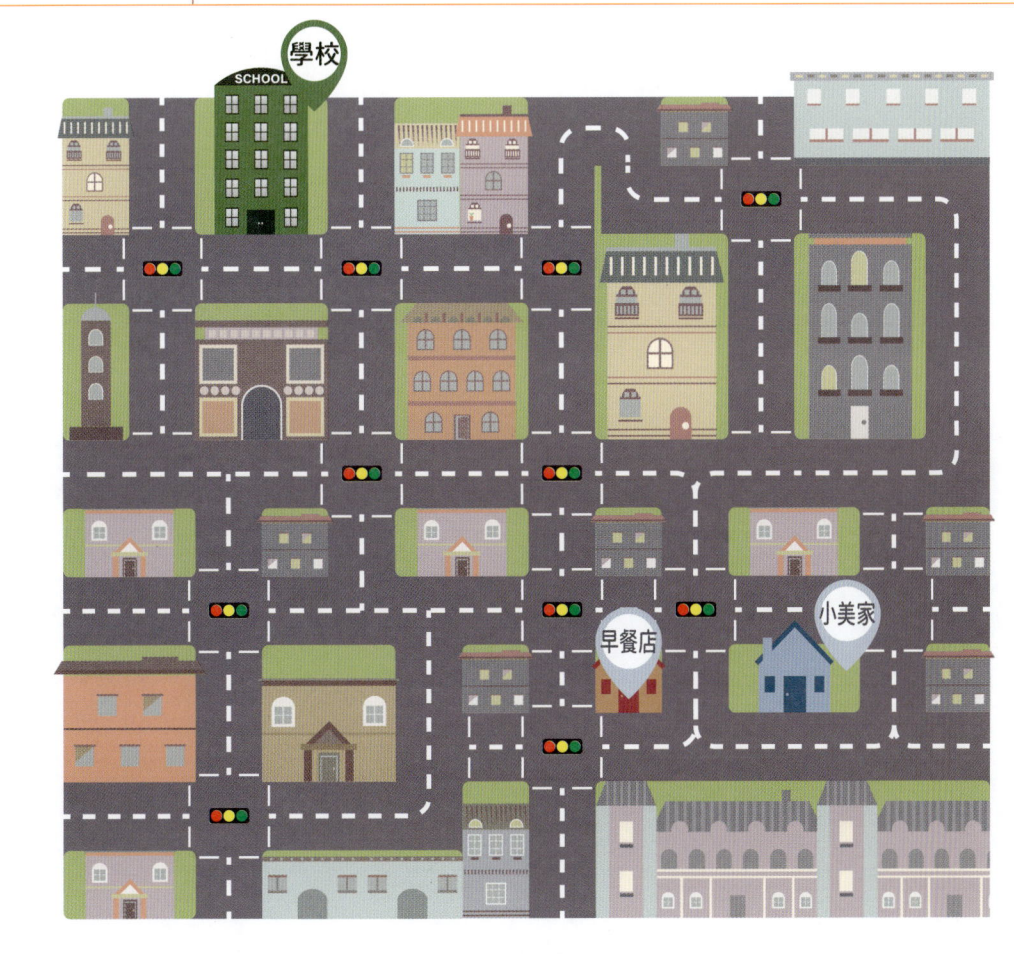

▲ 圖 4-7

算式 Equation	我發現，這條上學路線會經過 _____ 個紅綠燈。
答案 Answer	小美最晚 _____ 時 _____ 分 _____ 秒要從家裡出發才能到早餐店買早餐且上學不會遲到。 I figured out the fastest way for Mei to get from home to school with the fewest traffic lights.

CH4 應聽懂及認讀的單字

Time unit
- Hour
- minute
- second

Traffic light Signaling Pattern
- Signal cycle
- Green
- Yellow
- Red

Math Problem Solving Strategies
- Asked (what do I need to find out?)
- Given (what do I already know?)
- Equation (How / what steps do I need to do?)
- Solution (write down all the steps)
- Answer (state the answer in a sentence)

CH4 應聽懂及認讀的探究句型

- For all the waiting cars, it takes a total of _____ minutes / seconds to move across the intersection.
- At a traffic light cycle, it takes _____ seconds to change from green to yellow / yellow to red / red to green.
- There are 60 seconds in a minute.
- There are 60 minutes in an hour.

三 自評表現 Self-Assessment Exit Ticket

請依照你的學習表現為自己評分，5 分為非常同意，1 分為非常不同意。

學習表現	非常同意	同意	普通	不同意	非常不同意
1. 我能了解紅綠燈燈號變換規律。 I can identify the signaling pattern of green, yellow, and red on a traffic light cycle.	5	4	3	2	1
2. 我會計算紅綠燈秒數設定。 I can figure out how long it will take for a traffic light to change and work out the signal time setting.	5	4	3	2	1
3. 我會找出經過最少紅綠燈的路徑。 I can find out the fastest route with the fewest traffic lights.	5	4	3	2	1
4. 我會計算時間並在小時、分鐘和秒之間進行轉換。 I can calculate and convert between hours, minutes and seconds.	5	4	3	2	1

學習表現
5. 在本單元中,哪個環節是你最喜歡的部分?為何你會最喜歡?   Which part of this unit do you like most and why?
6. 在本單元中,你面臨到何種挑戰,以及你如何克服這些困難?   What problems did you face during the unit, and how did you solve them?
7. 在本單元中,你學到哪些新的知識?如何應用所學在未來的日常生活?   What did you learn from this unit, and how can you use it in real life or the future?

CH 4 參考答案

小試身手 Assessment of Learning

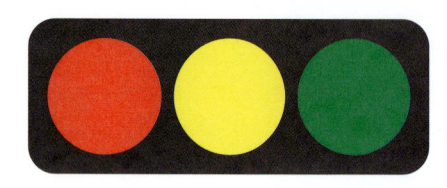

1

The signaling pattern of __green__, __yellow__, and __red__ on a traffic light cycle.

A green light means __go__.

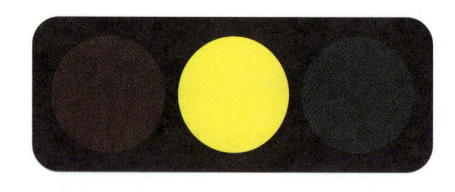

A yellow light means __slow down__ and be ready to __stop__.

A red light means __stop__.

❷ 小美最晚 __6__ 時 __48__ 分 __16__ 秒要從家裡出發才能到早餐店買早餐且上學不會遲到。

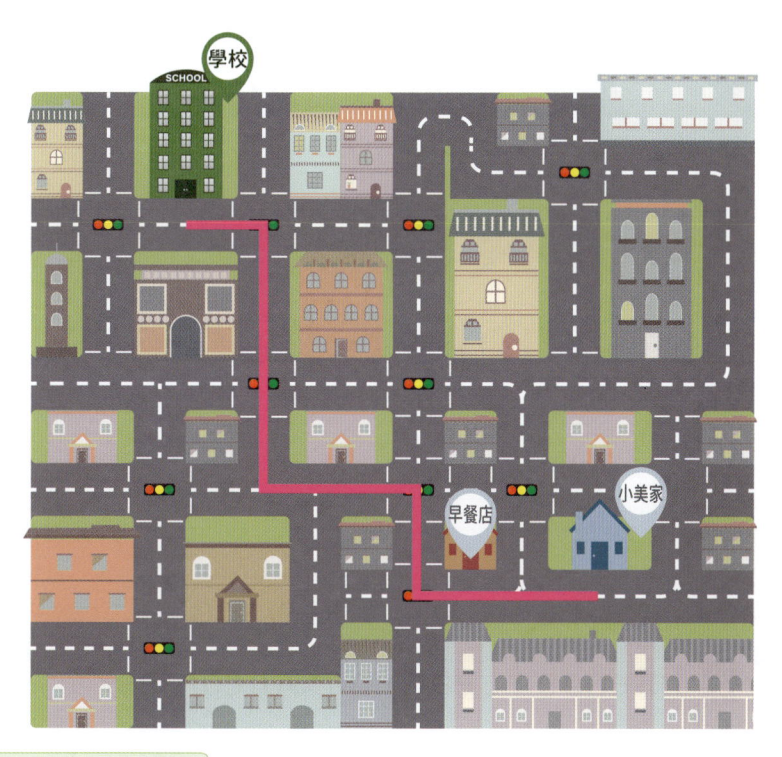

解題 Solution

我發現，這條上學路線會經過 __4__ 個紅綠燈。

如果遇到的紅綠燈剛好是紅燈，最多需要多花幾分鐘？

紅燈 = 26 秒 × 4 = 104 秒

104 秒 = 1 分鐘 44 秒

買早餐 = 15 分鐘

車程 = 25 分鐘

25 分 + 15 分 + 1 分 44 秒 = 41 分 44 秒

7 時 30 分 − 41 分 44 秒 = 6 時 48 分 16 秒

CH 5

藝術大觀察 Arts

光與色彩
Light and Colors

學習目標 Intended Learning Outcomes

1. 能分辨色彩三原色以及色光的三原色。
2. 能以彩色玻璃紙讓白色 LED 燈產生出黃光的效果。
3. 能以色彩元素表達自己的想法與感受。

核心任務		條件要求		STEAM問題拆解		問題解答
搭建能自動變換燈號，且至少 30 cm 高立起的紅綠燈模型	Science →	「紅綠燈」需要有三盞獨立燈號。	→	串聯（series circuit）或並聯（parallel circuit）的電路裝置，哪個能使三顆 LED 燈依序單一發亮？	→	並聯的電路裝置，能使三顆 LED 燈獨立發亮
	Engineering →	「紅綠燈」需要站立能被看見。	→	生活中的回收紙箱如何建立穩固的紅綠燈架？	→	利用不同形狀的紙卡設計紅綠燈架模型
	Mathematics →	「紅綠燈」需要有秒數設定。	→	停等紅燈的車子全數通過路口一次需要多少時間？	→	紅燈需要 26 秒 綠燈需要 22 秒 黃燈需要 4 秒
	Arts →	「紅綠燈」需要有不同的顏色。	→	紅綠燈使用的紅、黃、綠的原理是「色光三原色」還是「色彩三原色」？	→	？

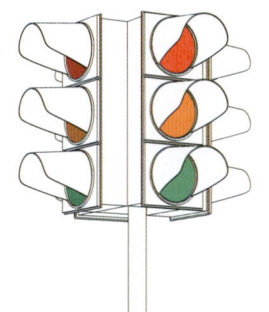

一、問題情境 Problem Situation

小明在家組裝紙卡紅綠燈架模型時，爸爸看見他使用白色 LED 燈來表示為紅燈、黃燈以及綠燈，於是爸爸在隔天下班後，特別買了紅色、黃色以及綠色的 LED 燈，讓小明可以來裝飾在他的紙卡紅綠燈架模型上。小明非常開心地將裝飾過後的紅綠燈架模型帶去學校讓老師與同學們欣賞。然而，同學在借用操作時，不小心弄斷黃色 LED 燈的引腳。

二 活動任務 Learning Tasks

在沒有其他黃色 LED 燈可以替換的情形下，同學拿出了紅色（red）、綠色（green）和藍色（blue）三種顏色的玻璃紙（cellophane），請見圖 5-1，小明該如何利用這三種顏色的玻璃紙（cellophane），來讓白色 LED 燈產生黃光（yellow light）的效果呢？

▲圖 5-1　玻璃紙（cellophane）

探究與實作 Inquiry & Practice

1 試一試，如果我們將紅色（red）、綠色（green）和藍色（blue）的玻璃紙相互重疊並放在白光下，會出現什麼奇妙的現象呢？請將你的觀察結果記錄在下面的表格中。

創客題目編號：F014004

30 mins

· 創客指標 ·

外形	機構	電控	程式	通訊	人工智慧	創客總數
3	1	0	0	0	0	4

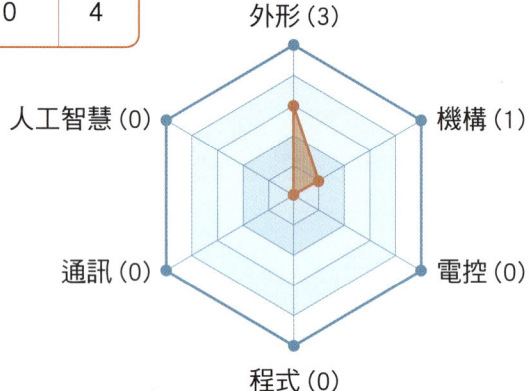

外形(3)
機構(1)
電控(0)
程式(0)
通訊(0)
人工智慧(0)

· 綜合素養力 ·

空間力	堅毅力	邏輯力	創新力	整合力	團隊力	素養總數
3	1	0	1	1	1	7

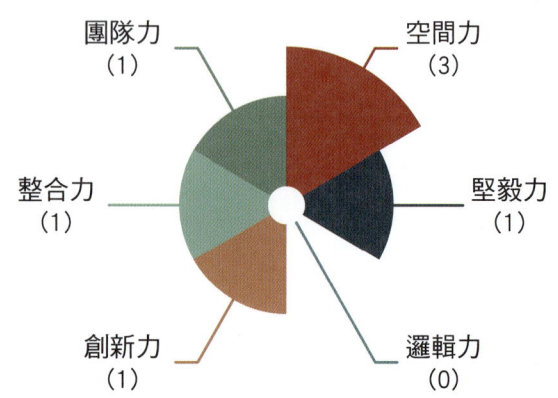

團隊力(1)
空間力(3)
整合力(1)
堅毅力(1)
創新力(1)
邏輯力(0)

- 在白光照射下，紅色玻璃紙 + 綠色玻璃紙會產生＿＿＿＿＿＿光。

- 在白光照射下，紅色玻璃紙 + 藍色玻璃紙會產生＿＿＿＿＿＿光。

- 在白光照射下，藍色玻璃紙 + 綠色玻璃紙會產生＿＿＿＿＿＿光。

從實驗中得知在白光照射下，

＿＿＿＿＿＿色玻璃紙 + ＿＿＿＿＿＿色玻璃紙會產生黃光。

Inquiry-based questions:
- How does color in paint differ from color in light?
- Why do we get different colors when we mix "colors in paint" and when we mix "colors in light"?
- How the colors of traffic lights affect how we feel?

解決完黃光（yellow light）的問題之後，小明也開始好奇，為什麼十字路口上的紅綠燈是用紅色、黃色和綠色這三種光呢？有關這個問題的答案，讓我們一起去知識補給站 Knowledge Station 尋找吧！

知識補給站 Knowledge Station

人的視網膜分別有杆狀和三種錐狀的感光細胞，其中杆狀細胞對於光線明暗度特別敏感，而錐狀的感光細胞分別對紅、綠、藍光最為敏感，其中對藍光敏感的細胞較少，因此紅光和綠光較適合作為顏色辨識使用，請見表 5-1 光學原理。

▼表 5-1　光學原理

- 紅色光波長可以穿透空氣的能力最強、顯示最遠，適合作為禁止通行的信號。

- 黃色光波長次於紅色，可以穿透空氣的能力較強，適合作為緩行、警告的信號。

- 綠色和紅色區別大，容易分辨，且綠色顯示距離也較遠，用來作為通行信號。

CH 5　光與色彩 Light and Colors

　　小明放學回家的路上，發現紅綠燈的電桿上都有黃色（yellow）和黑色（black）的斜紋。他好奇地問爸爸，爸爸告訴他，這些斜紋是為了讓駕駛人能夠注意到紅綠燈，防止他們撞上去。聽完後，小明想在他的紙卡紅綠燈架模型上也畫上這樣的斜紋。

　　同時他也想起在學校裡，用紅色和綠色的玻璃紙能夠產生黃光（yellow light），於是他把紅色和綠色的顏料混在一起，但卻得到了黑色（black），這讓他感到非常困惑。

　　隔天的美術課上，小明就詢問美術老師為什麼會有如此不同的結果呢？美術老師告訴小明：「顏料（paint）與光（light）其實是兩種不同的介質」。她建議小明拿紅色（red）、黃色（yellow）和藍色（blue）的顏料來試試，看看混在一起會變成什麼顏色，然後再比較一下這和光的混合效果有什麼不同。

　　現在，讓我們和小明一起完成美術老師指派的任務吧！

103

探究與實作 Inquiry & Practice

❷ 將紅色、黃色、藍色三種顏料混合會產生何種顏色，並將結果紀錄在下表中。

- 在色彩中，紅色顏料＋黃色顏料會產生＿＿＿＿色。
- 在色彩中，黃色顏料＋藍色顏料會產生＿＿＿＿色。
- 在色彩中，藍色顏料＋紅色顏料會產生＿＿＿＿色。

❸ 請比較光與色彩的不同，並將結果彙整在下表中。

▼表 5-2

光（light）的色彩	顏料（paint）的色彩
紅色玻璃紙＋綠色玻璃紙會產生＿＿＿＿光	紅色顏料＋黃色顏料會產生＿＿＿＿色
紅色玻璃紙＋藍色玻璃紙會產生＿＿＿＿光	黃色顏料＋藍色顏料會產生＿＿＿＿色
藍色玻璃紙＋綠色玻璃紙會產生＿＿＿＿光	藍色顏料＋紅色顏料會產生＿＿＿＿色

CH 5　光與色彩 Light and Colors

Inquiry-based learning answers for ARTS:

The primary colors in light are red, green and blue.

- For colors in light, red and green make _____ .
- For colors in light, red and blue make _____ .
- For colors in light, red and green make _____ .

The primary colors in paint are red, yellow and blue.

- For colors in paint, red and yellow make _____ .
- For colors in paint, yellow and blue make _____ .
- For colors in paint, blue and red make _____ .

小明把他比較光與顏色的表格交給美術老師看。老師告訴他，色彩三原色和光三原色是不能透過混合或疊加製造出來，我們稱它為「原色」（primary colors）。而如果我們把原色以不同的比例混在一起，能產生出來的顏色，我們則稱之為「次色」（secondary colors）。

因此，色彩的三原色（primary colors in paint）是紅色（red）、藍色（blue）和黃色（yellow），請見圖 5-2。而光的三原色（primary colors in light）則是紅光（red）、綠光（green）和藍光（blue），請見圖 5-3。

▲圖 5-2　色彩三原色　　▲圖 5-3　光的三原色

美術老師繼續接著說，每種色彩（colors）其實含有不同且豐富的情感意義，它們影響著我們潛意識的感受和情緒，使我們在不自覺中做出選擇與反應。現在讓我們來深入瞭解並一探究竟吧！

暖色調（warm colors），像是紅色（red）、橘色（orange）和黃色（yellow），都是明亮且能刺激感官的顏色，能使人感到愉悅；相反的，冷色調（cold colors）如藍色（blue）、綠色（green）和紫色（purple），能使人感到平靜和有信賴感。讓我們看看圖 5-4 來瞭解色彩與情緒（colors & emotions）之間的關係吧。

Red 紅色	Yellow 黃	Green 綠
Excitement 興奮 Passion 熱情	Warmth 溫暖 Cheer 鼓舞	Safety 安全 Health 健康

White 白	Black 黑
Clean 乾淨 Purity 純潔	Formality 正式 Sorrow 悲傷

▲圖 5-4　色彩與情緒（colors & emotions）

小試身手 Assessment of Learning

1 請拼出顏色的英文，並寫在對應的空格中。

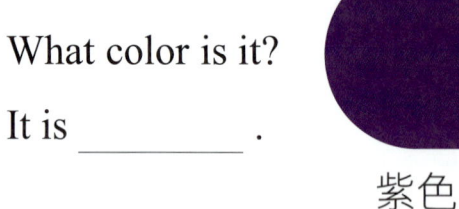

What color is it?
It is _____.
紅色

What color is it?
It is _____.
紫色

What color is it?
It is _____.
橘色

What color is it?
It is _____.
黃色

What color is it?
It is _____.
綠色

What color is it?
It is _____.
藍色

CH 5　光與色彩 Light and Colors

📙 小試身手 Assessment of Learning

2 請圈出三個你喜歡的情緒臉譜，並將情緒臉譜塗上顏色。
Circle three emotional faces you like.
Color them with your own colors.

驚喜 surprised	生氣 angry	開心 happy
困惑 confused	害羞 shy	害怕 scared
難過 sad	興奮 excited	難受 sick

109

Ex：My happy（開心）face is yellow（黃色）.

1. My _____ face is _____ .

2. My _____ face is _____ .

3. My _____ face is _____ .

❸ 心情紅綠燈

在上學的途中，當你看到紅綠燈不同燈號亮起時，有什麼感覺呢？

I feel _____ when I see the red light is turning on.

I feel _____ when I see the yellow light is turning on.

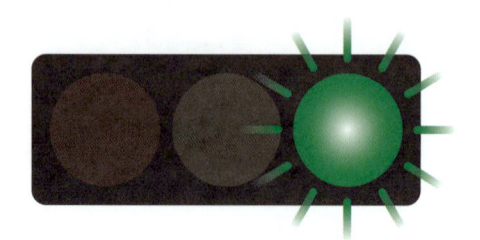

I feel _____ when I see the green light is turning on.

CH5 應聽懂及認讀的單字

- colors in light
- colors in paint
- primary colors
- secondary colors
- warm colors
- cold colors

- Red
- Yellow
- Orange
- Green
- Blue
- Purple

CH5 應聽懂及認讀的探究句型

- For the colors in light, the primary colors are red, yellow and blue.

  In colors of light, _____ and _____ make _____ .
- For the colors in paint, the primary colors are red, green and blue.

  In colors of light, _____ and _____ make _____ .
- The warm colors are red, orange and yellow.
- The cold colors are green, blue and purple.
- I feel _____ when I see the red / yellow / green light is turning on.

STEAM 教育雙語小學堂

三 自評表現 Self-Assessment Exit Ticket

請依照你的學習表現為自己評分，5 分為非常同意，1 分為非常不同意。

學習表現	非常同意	同意	普通	不同意	非常不同意
1. 我能分辨色彩的三原色。 I can tell the three primary colors in paint.	5	4	3	2	1
2. 我能分辨光的三原色。 I can tell the three primary colors of light.	5	4	3	2	1
3. 我能以彩色玻璃紙讓白色 LED 燈產生出黃光的效果。 I can use colored cellophane to create a yellow light effect with a white LED.	5	4	3	2	1
4. 我能以色彩元素表達自己的想法。 I can use colors to talk about my feelings and emotions.	5	4	3	2	1

學習表現

5. 在本單元中,哪個環節是你最喜歡的部分?為何你會最喜歡?

   Which part of this unit do you like most and why?

6. 在本單元中,你面臨到何種挑戰,以及你如何克服這些困難?

   What problems did you face during the unit, and how did you solve them?

7. 在本單元中,你學到哪些新的知識?如何應用所學在未來的日常生活?

   What did you learn from this unit, and how can you use it in real life or the future?

知識補給站 Knowledge Station

▲圖 5-5　彩虹的顏色

　　為什麼雨過天青後天空裡會出現美麗的彩虹呢？這是因為當太陽光照射到半空中的水滴，光線被折射及反射，在天空上形成拱形的七彩光譜，由外圈到內圈呈現紅、橙、黃、綠、藍、靛藍、菫（ㄐㄧㄣˇ）紫七種顏色，然而，彩虹當中的菫紫色英文究竟是 violet 還是 purple 呢？

　　菫紫色，英語名稱源自於菫菜屬植物（通稱 violet）的花色，但 violet 常被誤譯為紫羅蘭，又稱作紫羅蘭色。

　　Violet 是可見光譜中的顏色，在光的三原色中，violet 是由紅光和藍光混合而成，其中藍光的比例多於紅光，又稱為藍紫色。相反地，purple 並不是可見光譜中的顏色，是由色彩三原色中紅色和藍色顏料組合而成。

CH 5 參考答案

探究與實作 Inquiry & Practice

①
- 在白光照射下，紅色玻璃紙 + 綠色玻璃紙會產生 __黃__ 光。
- 在白光照射下，紅色玻璃紙 + 藍色玻璃紙會產生 __紫羅蘭__ 光。
- 在白光照射下，藍色玻璃紙 + 綠色玻璃紙會產生 __青色__ 光。

從實驗中得知在白光照射下，

__紅__ 色玻璃紙 + __綠__ 色玻璃紙會產生黃光。

②
- 在色彩中，紅色顏料 + 黃色顏料會產生 __橘__ 色。
- 在色彩中，黃色顏料 + 藍色顏料會產生 __綠__ 色。
- 在色彩中，藍色顏料 + 紅色顏料會產生 __紫__ 色。

❸

光（light）的色彩	顏料（paint）的色彩
紅色玻璃紙＋綠色玻璃紙 會產生　黃　光	紅色顏料＋黃色顏料 會產生　橘　色
紅色玻璃紙＋藍色玻璃紙 會產生　紫羅蘭　光	黃色顏料＋藍色顏料 會產生　綠　色
光（light）的色彩	顏料（paint）的色彩
藍色玻璃紙＋綠色玻璃紙 會產生　青色　光	藍色顏料＋紅色顏料 會產生　紫　色

小試身手 Assessment of Learning

1

紅色
What color is it?
It is __red__ .

紫色
What color is it?
It is __purple__ .

橘色
What color is it?
It is __orange__ .

黃色
What color is it?
It is __yellow__ .

綠色
What color is it?
It is __green__ .

藍色
What color is it?
It is __blue__ .

CH 6

科技大應用 Technology

紅綠燈自動變換燈號
Automated Traffic Light

學習目標 Intended Learning Outcomes

1. 認識 Micro:bit。
2. 能用 Micro:bit 撰寫紅綠燈自動變換燈號程式。

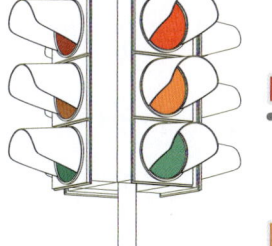

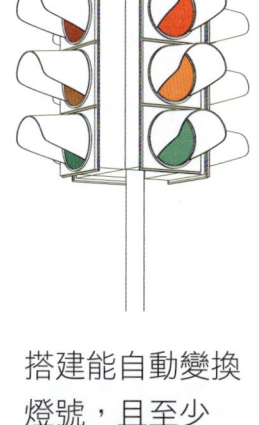

核心任務	條件要求	STEAM問題拆解	問題解答
搭建能自動變換燈號，且至少 30 cm 高立起的紅綠燈模型	**Science**：「紅綠燈」需要有三盞獨立燈號。	串聯（series circuit）或並聯（parallel circuit）的電路裝置，哪個能使三顆 LED 燈依序單一發亮？	並聯的電路裝置，能使三顆 LED 燈獨立發亮
	Engineering：「紅綠燈」需要站立能被看見。	生活中的回收紙箱如何建立穩固的紅綠燈架？	利用不同形狀的紙卡設計紅綠燈架模型
	Mathematics：「紅綠燈」需要有秒數設定。	停等紅燈的車子全數通過路口一次需要多少時間？	紅燈需要 26 秒綠燈需要 22 秒黃燈需要 4 秒
	Arts：「紅綠燈」需要有不同的顏色。	紅綠燈使用的紅、黃、綠的原理是「色光三原色」還是「色彩三原色」？	紅綠燈使用色光三原色
	Technology：「紅綠燈」需要自動換號，不需仰賴人力。	如何撰寫程式讓手動控制改為自動化？	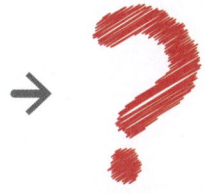 ?

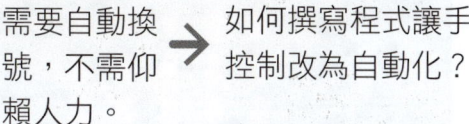

一 問題情境 Problem Situation

小明興高采烈地將修復好黃燈的紅綠燈模型給老師時，老師卻給了他一個新的建議，老師覺得需要手動控制的紅綠燈不只太耗費人力，還可能會把 LED 燈弄壞。所以老師建議小明試試看使用一個叫做 Micro:bit 的小工具來控制紅綠燈訊號。

老師告訴小明，Micro:bit 是一個能編寫程式的微型電腦，請見圖 6-1，大概只有一個火柴盒大小，可以方便放在口袋帶著走。它可以使用藍牙或是 Micro USB 連接到電腦，這樣我們就可以在電腦上寫好程式，再把程式放進 Micro:bit 裡。我們還可以用手機、平板連接下載。小明聽了之後，眼睛亮晶晶的，他迫不及待想要試試看。讓我們一起來看小明如何使用 Micro:bit 來控制他的紅綠燈模型吧！

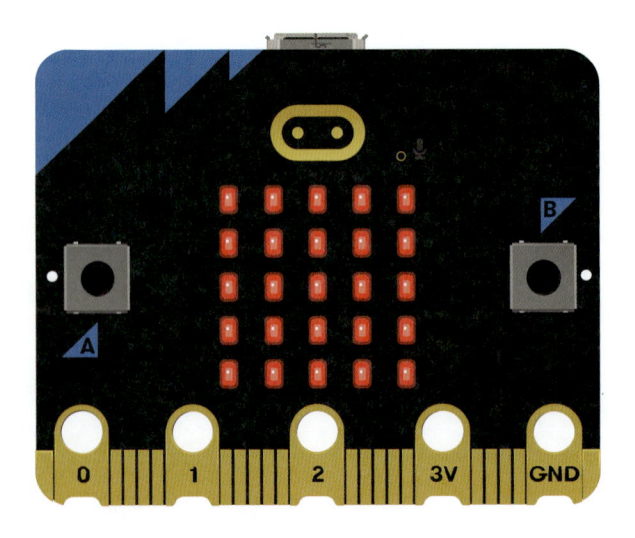

▲ 圖 6-1　Micro:bit

CH 6　紅綠燈自動變換燈號 Automated Traffic Light

Inquiry-based questions:
- What is Micro:bit?
- Can you name the parts of a Micro:bit?
- Can you describe how traffic lights change colors?
- How can we use a Micro:bit to make a traffic light work?

　　為了更好瞭解 Micro:bit 的功能與程式編輯，小明利用午休時間詢問電腦老師有關於 Micro:bit 的操作，電腦老師告訴他，我們可以再 Micro:bit 的網站上找到兩種不同的編輯程式：

1.「JavaScript Blocks Editor」→ https://makecode.microbit.org/

2.「Python Editor」→ https://python.microbit.org/v/3

　　現在，電腦老師要讓小明實際操作「JavaScript Blocks Editor」，這樣可以幫助他建立對 Micro:bit 的基本認識。就讓我們跟著電腦老師和小明，一起學習使用這個有趣的工具吧！

🚩 Micro:bit 實作

步驟 1 Google 搜尋「micro bit」，點選「Microsoft Makecode for Micro:bit」，進入「JavaScript Blocks Editor 首頁」。

▲圖 6-2

步驟 2 點選「新增專案」，命名為「紅綠燈」完成後，「創造（create）」進入「JavaScript Blocks Editor 編輯介面」。

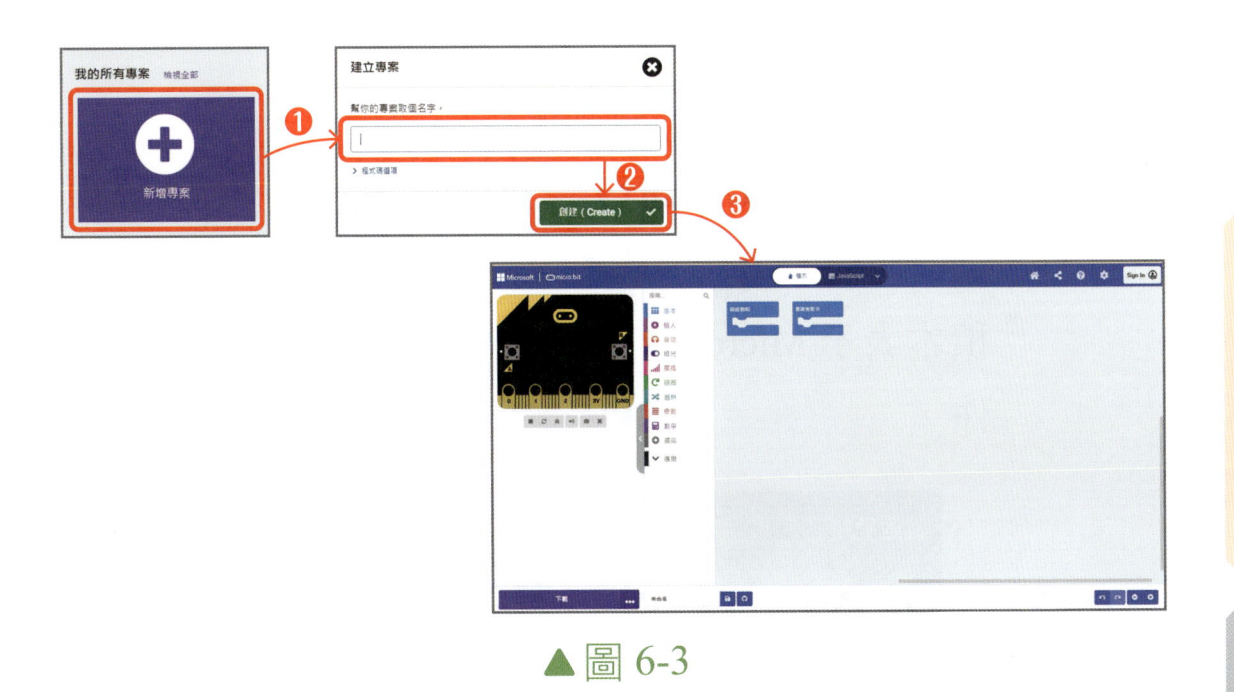

CH 6　紅綠燈自動變換燈號 Automated Traffic Light

▲ 圖 6-3

步驟 3　「JavaScript Blocks Editor 編輯介面」分為三大區塊，由左至右，第一區塊為「Micro:bit 模擬窗口」；第二區塊為「積木選單區」；第三區塊為「程式編程區」。

▲ 圖 6-4

步驟 4 Micro:bit 積木選單區基本方塊介紹。

當啟動時（on start）：每個專案只有一個「當啟動時（on start）」積木，「當啟動時（on start）」積木表示 Micro:bit 啟動時要執行的程式內容或事件。

▲圖 6-5

重複無限次（forever）：可以「持續在背景執行」指定的程式。

▲圖 6-6

顯示數字（show number）：可以透過 LED 燈顯示指定的數字，如果數字超過兩位數，就會以跑馬燈的方式呈現。

▲圖 6-7

CH 6　紅綠燈自動變換燈號 Automated Traffic Light

清空畫面（clear screen）：可以清除並關閉所有 LED 燈。

▲ 圖 6-8

顯示圖示（show icon）：可以透過 LED 燈顯示指定的圖案。

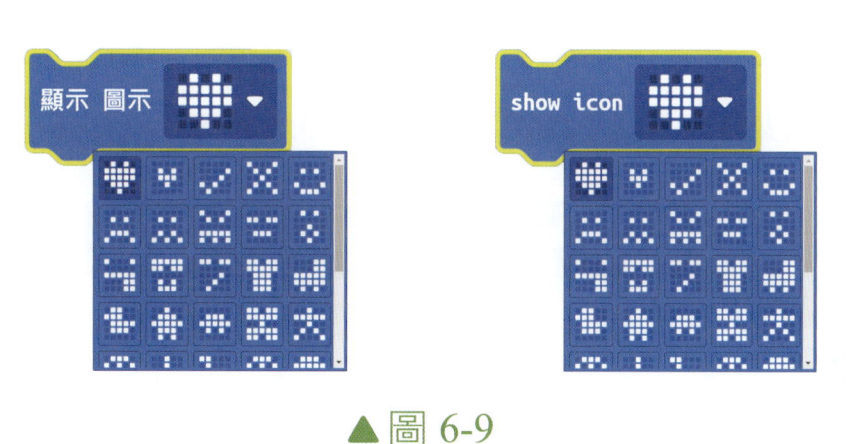

▲ 圖 6-9

顯示指示燈（show leds）：可以透過 LED 燈顯示使用者自行繪製的圖案。

▲ 圖 6-10

125

顯示文字（show string）：可以透過 LED 燈顯示（英文字母、常用符號），如果有兩個以上的字母或符號，就會以跑馬燈的方式呈現。

▲圖 6-11

暫停（pause）：可以讓程式暫停時間，接著再繼續運作，暫停的時間單位是「毫秒」（1/1000 秒），所以 100 毫秒等於 0.1 秒。

▲圖 6-12

顯示箭頭數字（show arrow）：共有八個不同方向的箭頭圖案（北、東北、東、東南、南、西南、西、西北）。

▲圖 6-13

CH 6　紅綠燈自動變換燈號 Automated Traffic Light

步驟 5　將想執行的「積木」拖曳到「程式編程區」放入「當啟動時」或「重複無限次」，程式就會開始執行，例如：將「顯示數字 0」放入「重複無限次」，可以觀察「Micro:bit 模擬窗口」會顯示數字 0。

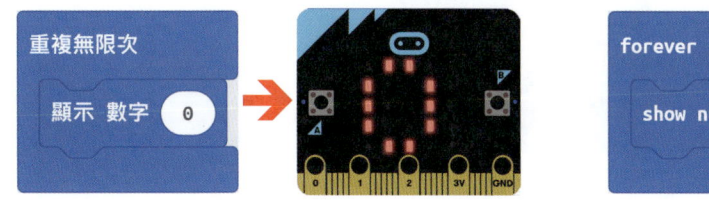

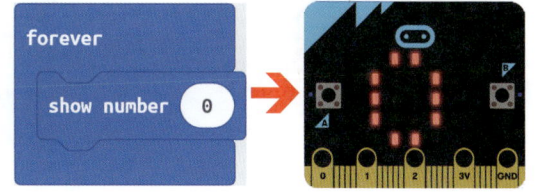

▲圖 6-14

步驟 6　撰寫完程式編程後，先將 Micro:bit 連接電腦，再來點選左下方「下載」旁的三個點點中的「連接裝置」，接著按繼續，直到連線完成。

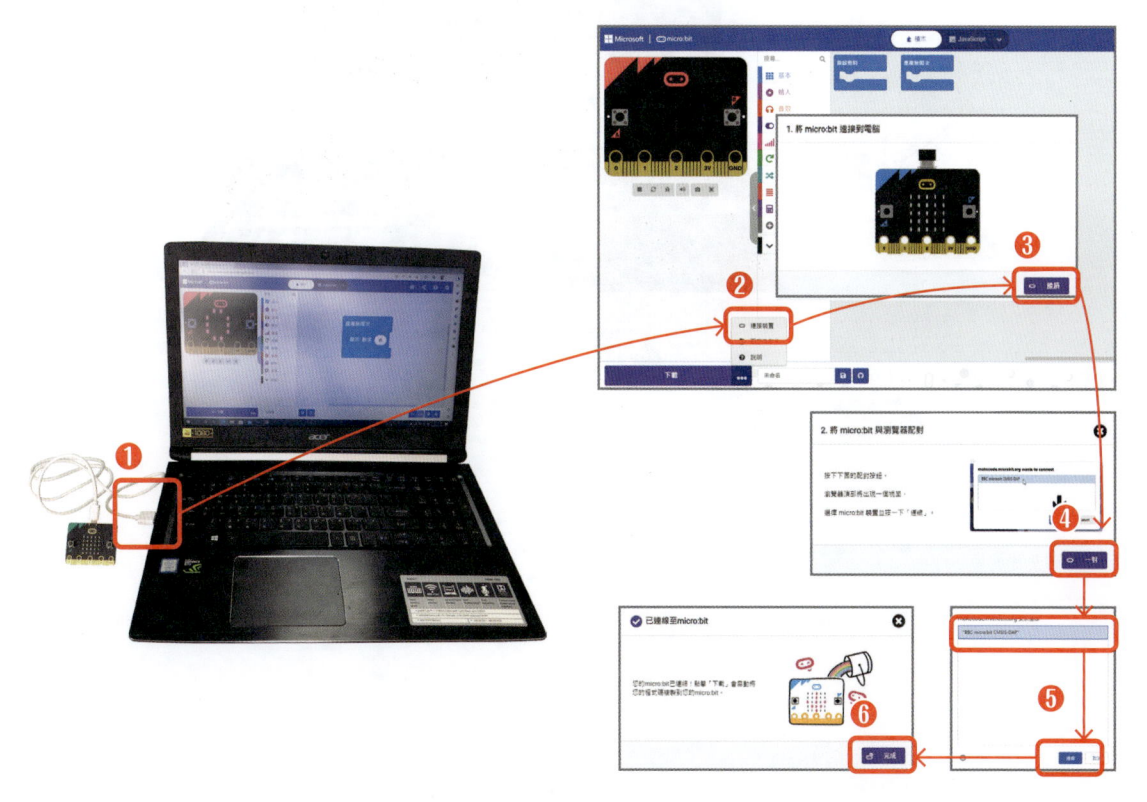

▲圖 6-15

127

步驟 7 最後點選「下載」，即可在 Micro:bit 中顯示執行編寫的「重複無限次數字 0」。

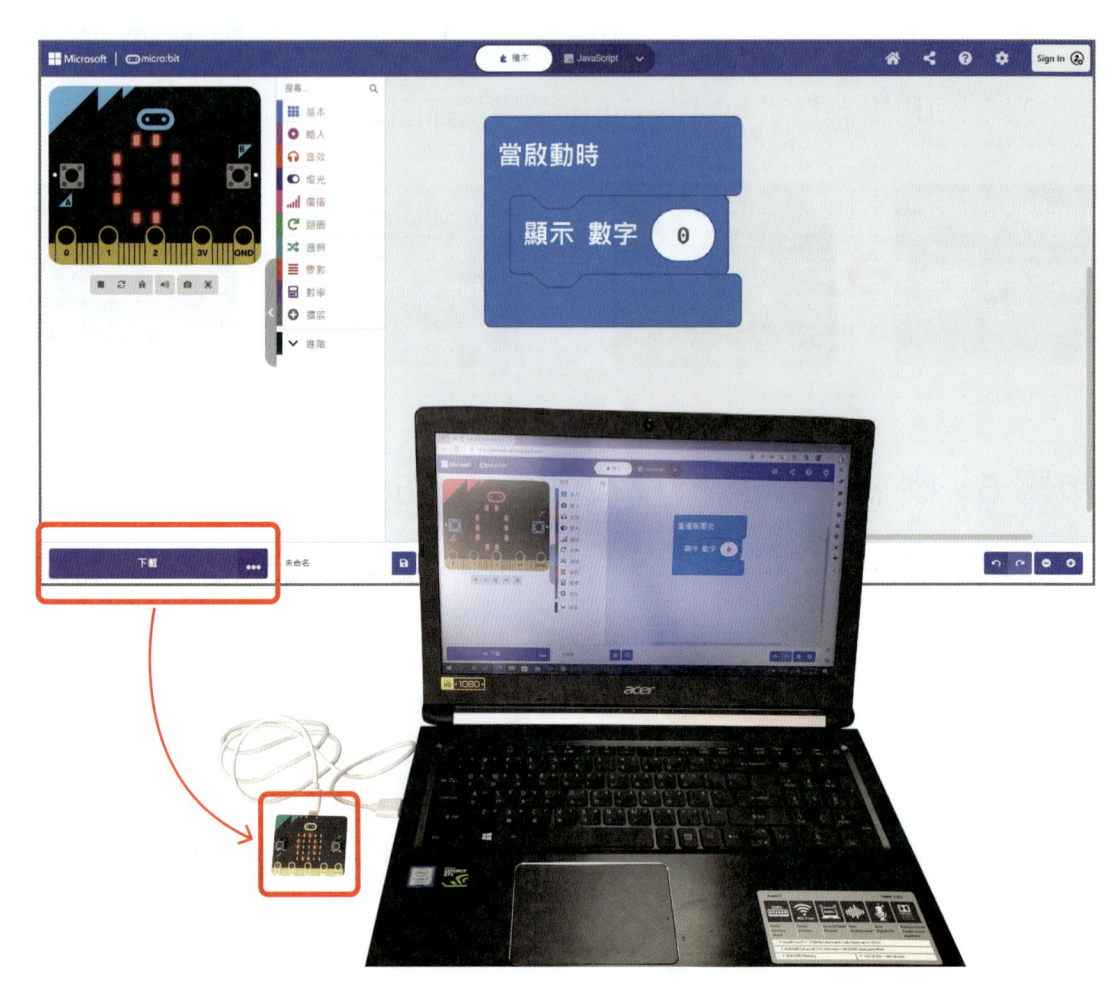

▲圖 6-16

CH 6　紅綠燈自動變換燈號 Automated Traffic Light

📕 小試身手 Assessment of Learning

① 題目：請讓 Micro:bit 重複顯示無限次愛心圖案。

> Inquiry-based learning answers for TECHNOLOGY
> • I can use Micro:bit to do some simple automation coding.

📒 活動任務 Learning Tasks

　　在了解 Micro:bit 的功能以及如何編程後，我們現在要跟著小明嘗試編寫一個紅綠燈自動變換燈號的程式。在開始撰寫程式前，讓我們先來想一想紅綠燈循環圖的程式運作，再一起來動手實際操作吧！

🔔 探究與實作 Inquiry & Practice

請你完成下列紅綠燈燈號循環流程圖與程式撰寫。

Please complete the following programming (make coding) for traffic light automation.

創客題目編號：F014005   **40** mins

・創客指標・

外形	機構	電控	程式	通訊	人工智慧	創客總數
1	1	2	3	0	0	7

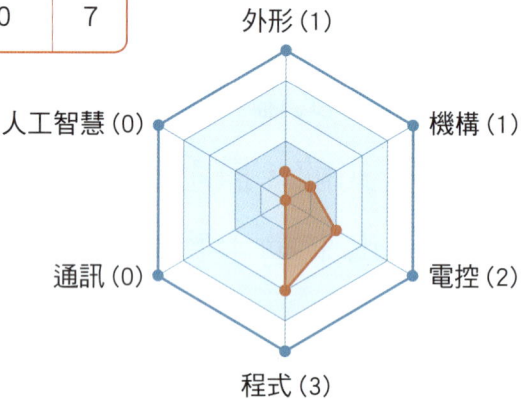

・綜合素養力・

空間力	堅毅力	邏輯力	創新力	整合力	團隊力	素養總數
1	1	2	1	1	1	7

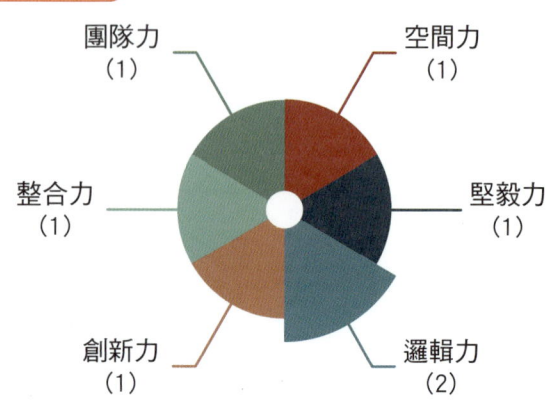

外形(1)
機構(1)
電控(2)
程式(3)
通訊(0)
人工智慧(0)

團隊力(1)
空間力(1)
堅毅力(1)
邏輯力(2)
創新力(1)
整合力(1)

CH 6　紅綠燈自動變換燈號 Automated Traffic Light

任務：正常紅綠燈的燈號循環為綠燈（Green）→ 黃燈（Yellow）→ 紅燈（Red），想一想，我們需要哪些步驟才能在按下 A 鈕後使紅綠燈燈號能自動化運作。

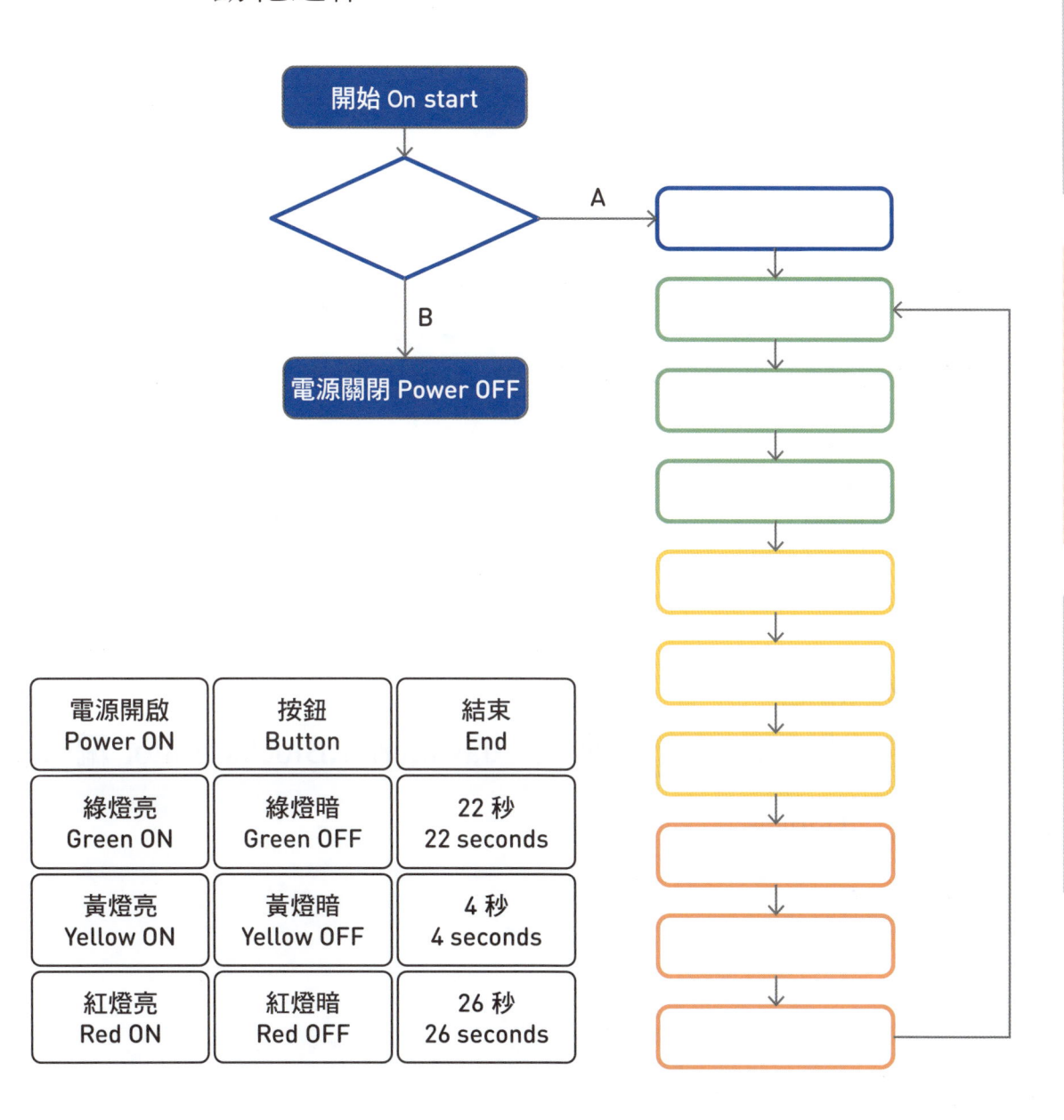

開始 On start

A

B

電源關閉 Power OFF

電源開啟 Power ON	按鈕 Button	結束 End
綠燈亮 Green ON	綠燈暗 Green OFF	22 秒 22 seconds
黃燈亮 Yellow ON	黃燈暗 Yellow OFF	4 秒 4 seconds
紅燈亮 Red ON	紅燈暗 Red OFF	26 秒 26 seconds

131

步驟 1 Google 搜尋「micro bit」，點選「Microsoft Makecode for Micro:bit」，進入「JavaScript Blocks Editor 首頁」。

▲圖 6-18

步驟 2 點選「新增專案」，命名為「紅綠燈」完成後，「創造（create）」進入「JavaScript Blocks Editor 編輯介面」。

CH 6　紅綠燈自動變換燈號 Automated Traffic Light

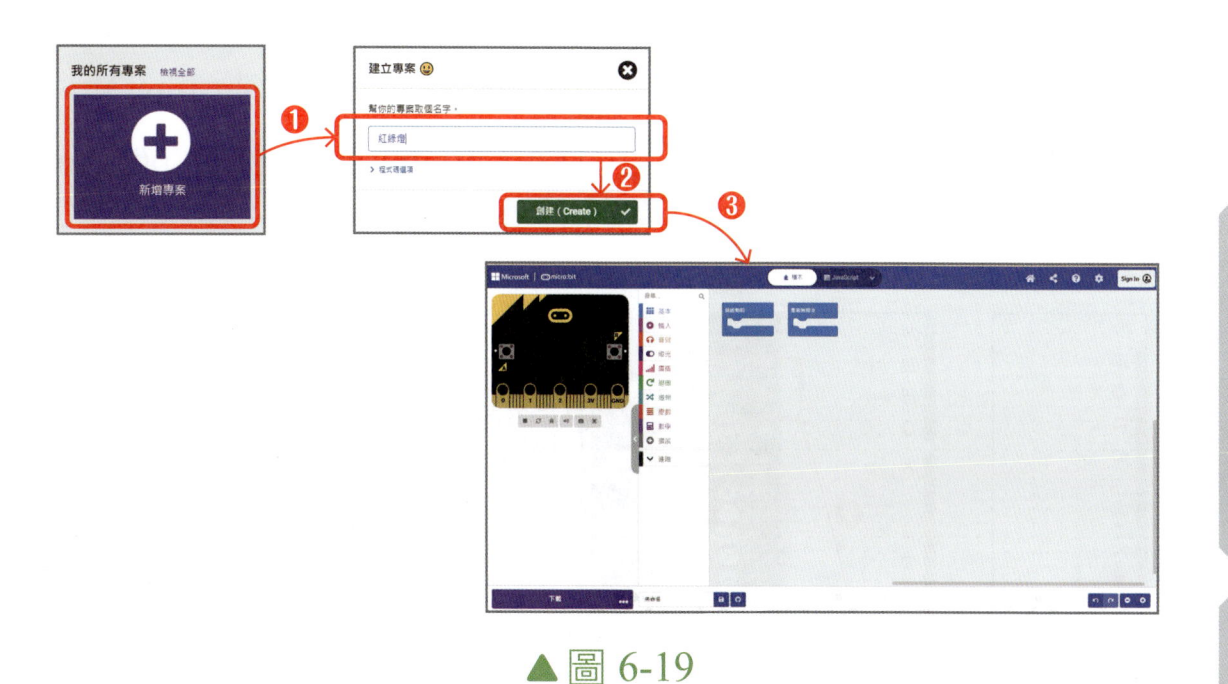

▲ 圖 6-19

步驟 3　「JavaScript Blocks Editor 編輯介面」分為三大區塊，由左至右，第一區塊為「Micro:bit模擬窗口」；第二區塊為「積木選單區」；第三區塊為「程式編程區」。

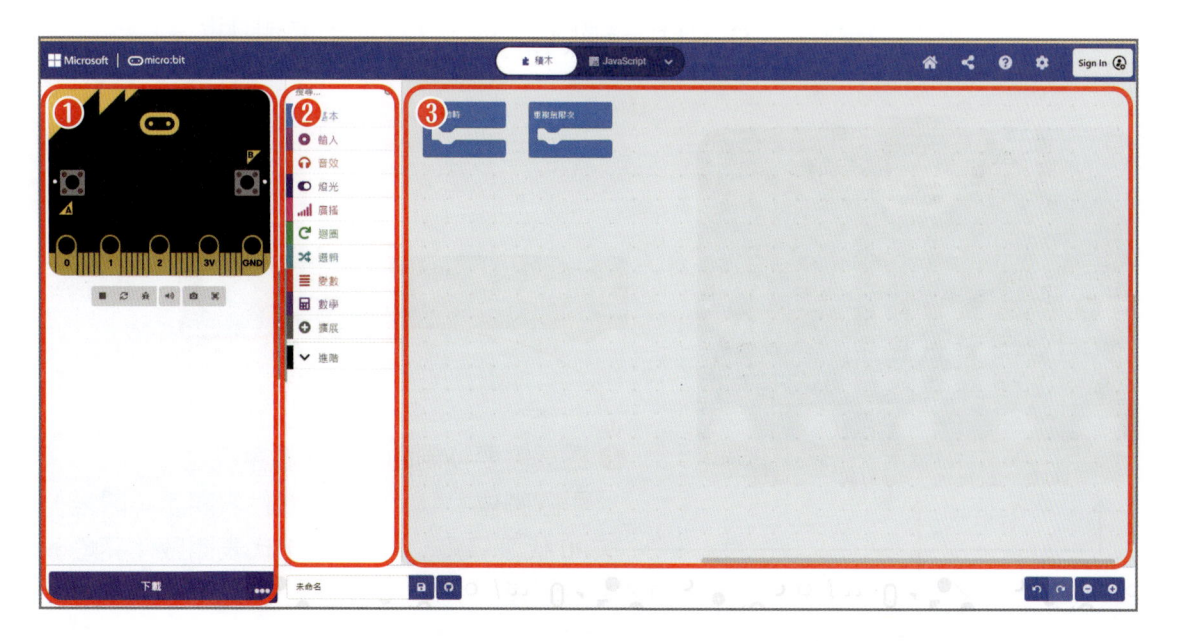

▲ 圖 6-20

步驟 4 從積木選單區「進階（Advanced）→引腳（Pins）」，將「數位信號寫入引腳（digital write pin「p0」to「」）」的積木拉至編程區。

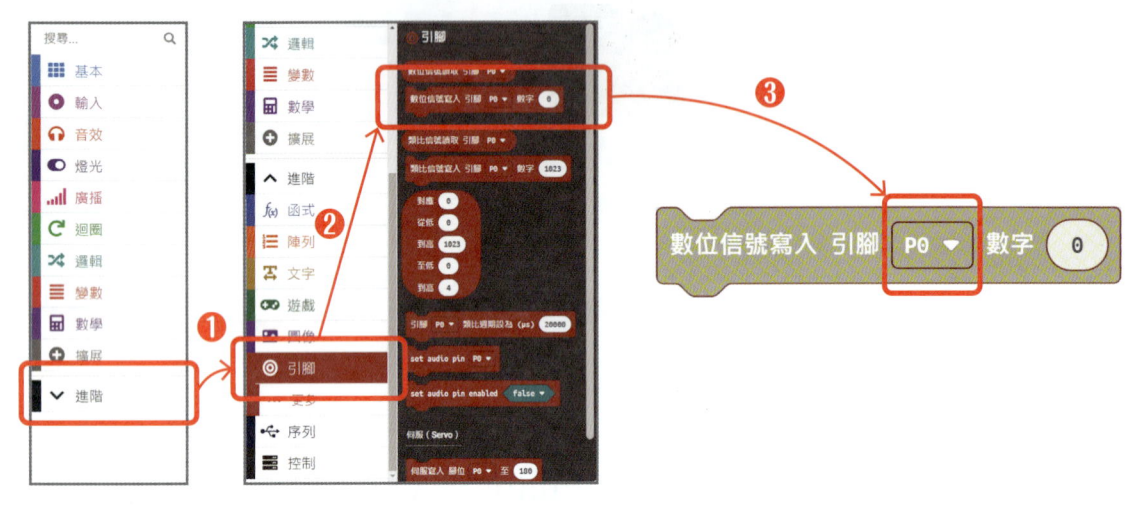

▲圖 6-21

步驟 5 選擇需要控制的「引腳腳位（pin）」，定義「P0」代表綠燈，「P1」代表黃燈，「P2」代表紅燈，數字欄位「0」代表關閉，「1」代表開啟。

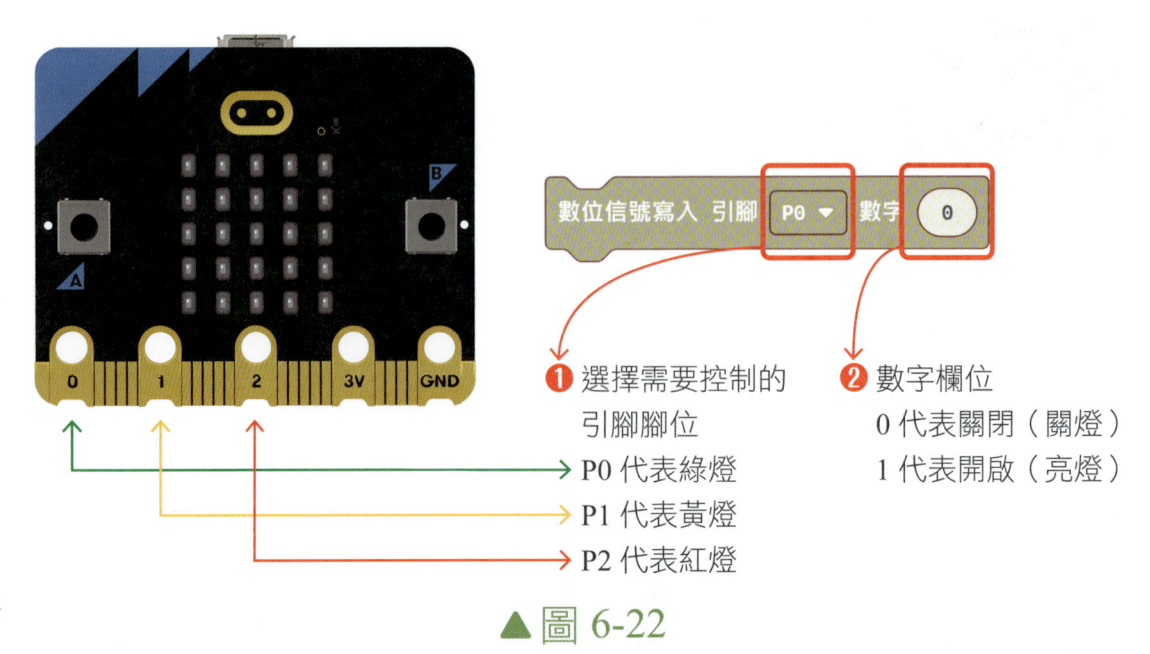

❶ 選擇需要控制的引腳腳位
　　P0 代表綠燈
　　P1 代表黃燈
　　P2 代表紅燈

❷ 數字欄位
　　0 代表關閉（關燈）
　　1 代表開啟（亮燈）

▲圖 6-22

CH 6　紅綠燈自動變換燈號 Automated Traffic Light

步驟 6　要控制綠燈發亮，使用「數位信號寫入引腳（digital write pin「p0」to「　」）」選擇「P0」，數字輸入「1」，表示綠燈亮燈。

▲圖 6-23

步驟 7　控制綠燈發亮時間，可以使用「暫停（pause）」積木計算等待時間（1000 毫秒 = 1 秒），從積木選單區中點選基本，將「暫停（pause）」的方塊拉至編程區並設定 22000 毫秒，表示綠燈亮燈 22 秒後停止。

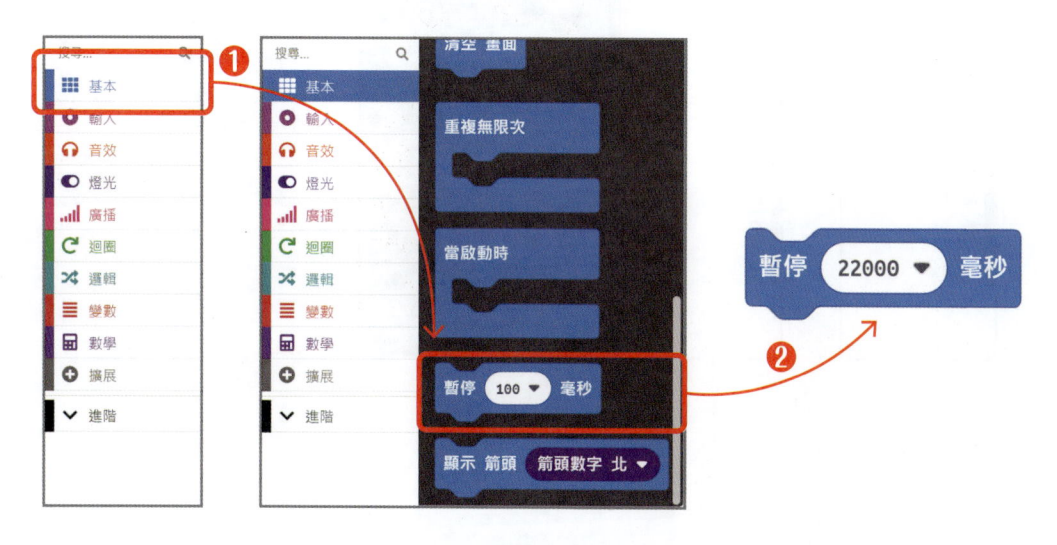

▲圖 6-24

步驟 8 控制綠燈關燈，使用「數位信號寫入引腳（digital write pin「p0」to「 」）」選擇「P0」，數字輸入「0」，表示綠燈關燈。

▲圖 6-25

步驟 9 因為紅綠燈是重複循環的，所以我們要選擇「重複無限次（forever）」積木將要執行的指令放入此積木內。

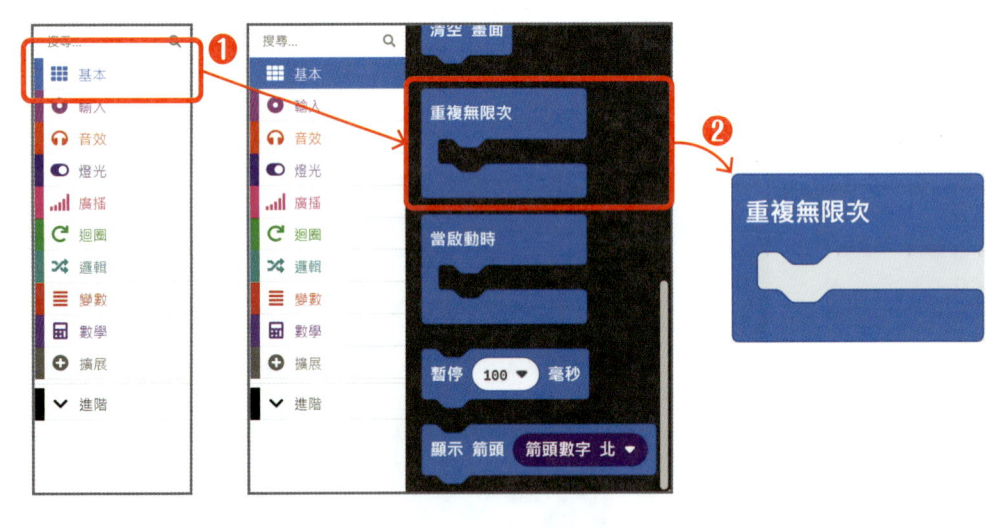

▲圖 6-26

CH 6　紅綠燈自動變換燈號 Automated Traffic Light

步驟 10 如此一來，控制綠燈的開關就寫好囉。

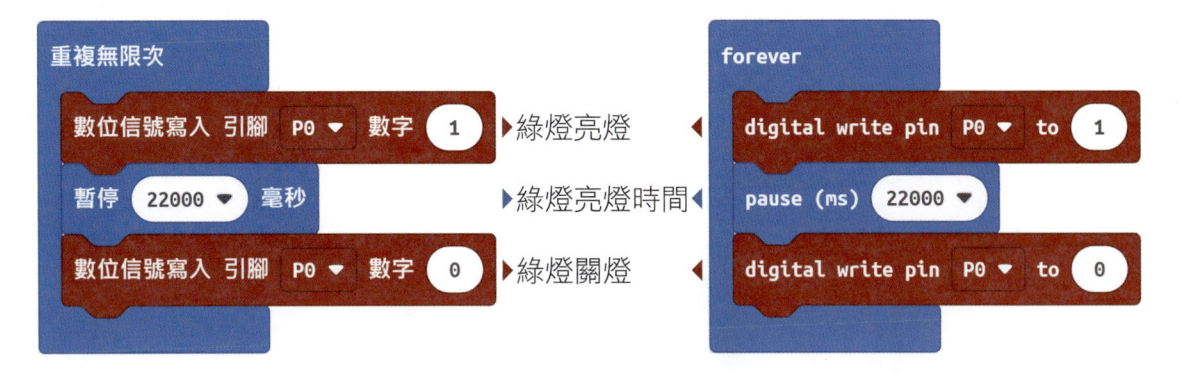

▲圖 6-27

步驟 11 比照綠燈控制開關的方式，寫入黃燈亮燈 4 秒，紅燈亮燈 26 秒。

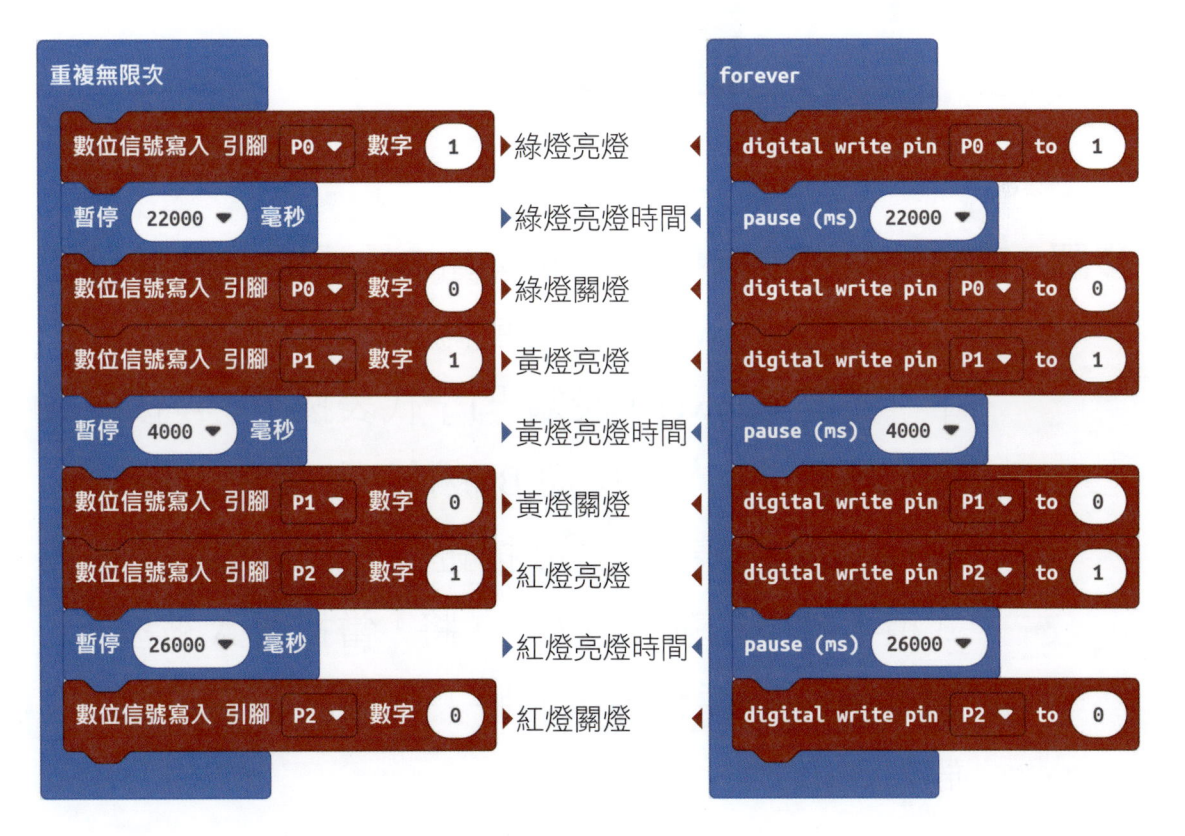

▲圖 6-28

步驟 12 若想要讓紅綠燈停止重複無限次執行指令，則需要建立「變數（variables）」來控制整個紅綠燈。從積木選單區點選「變數（variables）」→建立一個變數，命名新變數的名稱為「power」。

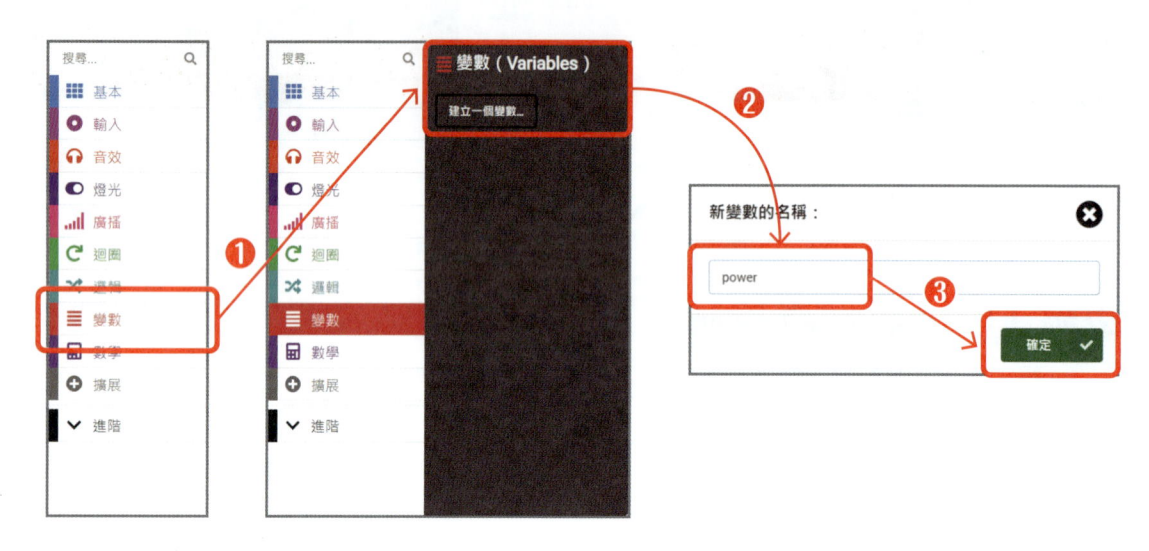

▲ 圖 6-29

步驟 13 Micro:bit 上有按鈕 A 和按鈕 B，透過這兩個按鈕控制變數（power）啟動或關閉，「當按鈕 A 被按下」變數（power）設為「1」代表按下「A 按鈕啟動紅綠燈」；「當按鈕 B 被按下」變數（power）設為「0」代表按下「B 按鈕關閉紅綠燈」。從程式積木區中點選「輸入」，將「當按鈕 A 被按下」的方塊拉至編程區，並將「變數設為 1」的方塊放入其中。

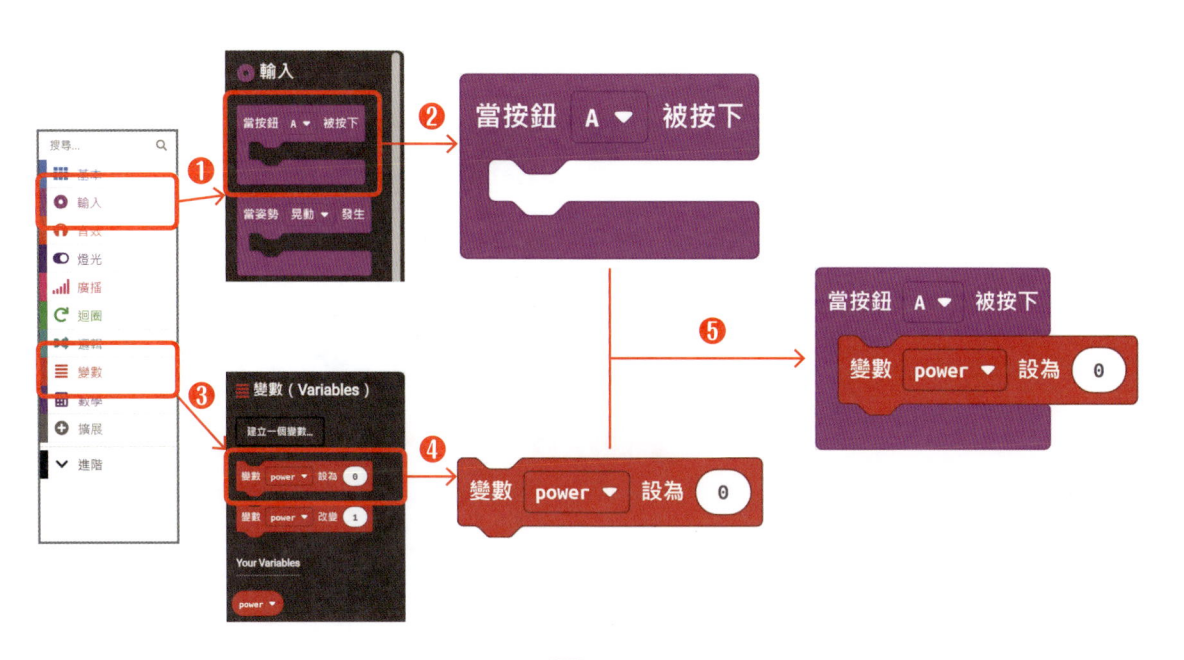

CH 6 紅綠燈自動變換燈號 Automated Traffic Light

▲圖 6-30

步驟 14 比照「A 按鈕」的做法完成「B 按鈕」。

▶按下按鈕 A 啟動紅綠燈◀

▶按下按鈕 B 啟動紅綠燈◀

▲圖 6-31

步驟 15 變數（power）等於 1 才執行紅綠燈，所以要使用「邏輯（Logic）」中的「比較積木（Comparison）」判斷變數（power）變數是否等於 1。

139

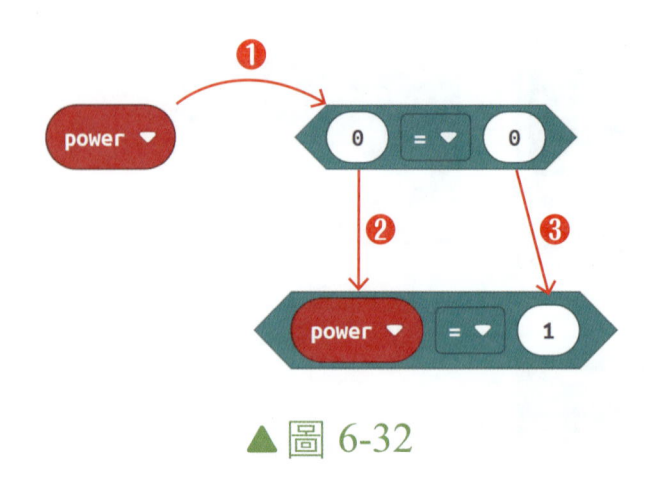

▲ 圖 6-32

步驟 16 將變數（power）變數是否等於 1 的比較積木放入「條件（Conditionals）」中的「重複判斷執行（if … then …）」撰寫完成的紅綠燈的秒數設定控制。

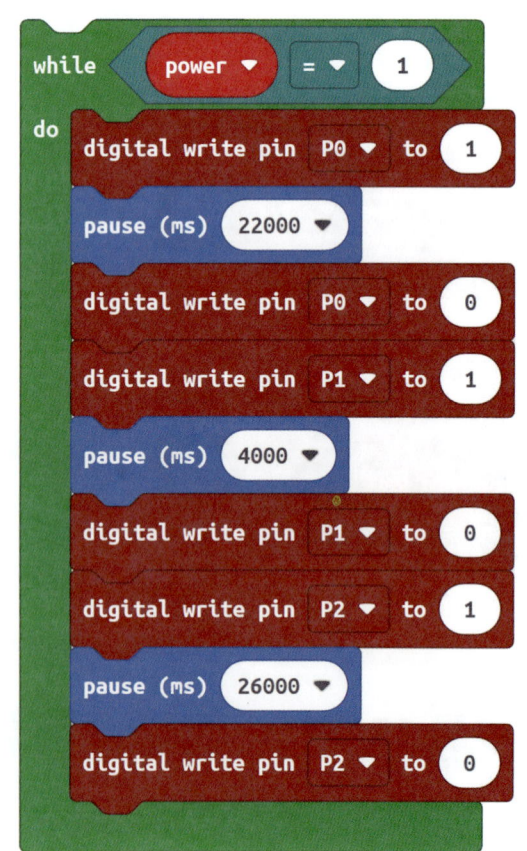

▲ 圖 6-33

CH 6 紅綠燈自動變換燈號 Automated Traffic Light

步驟 17「重複無限次（forever）」的「重複判斷執行變數（power）變數是否等於1」。

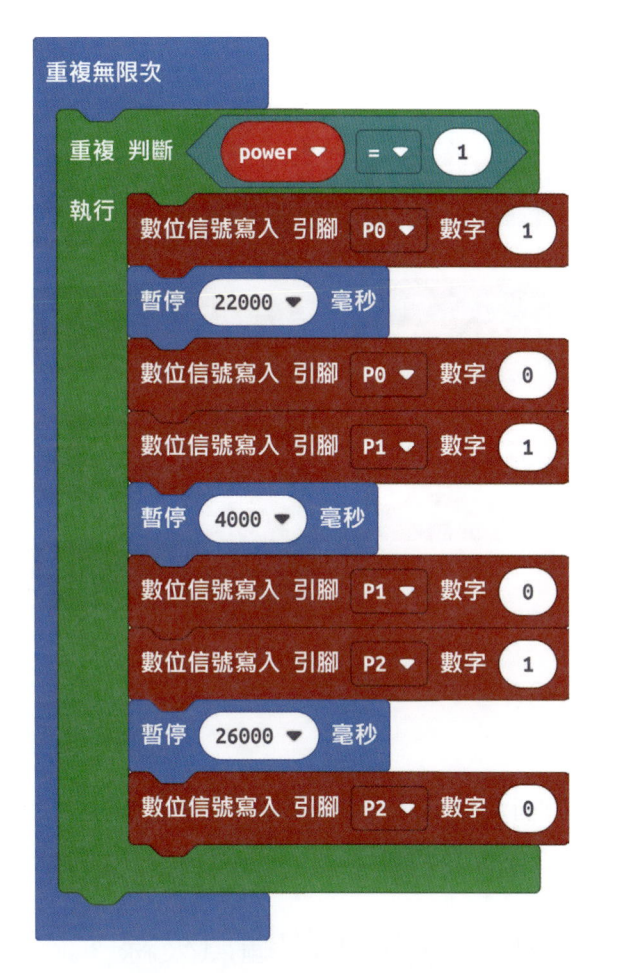

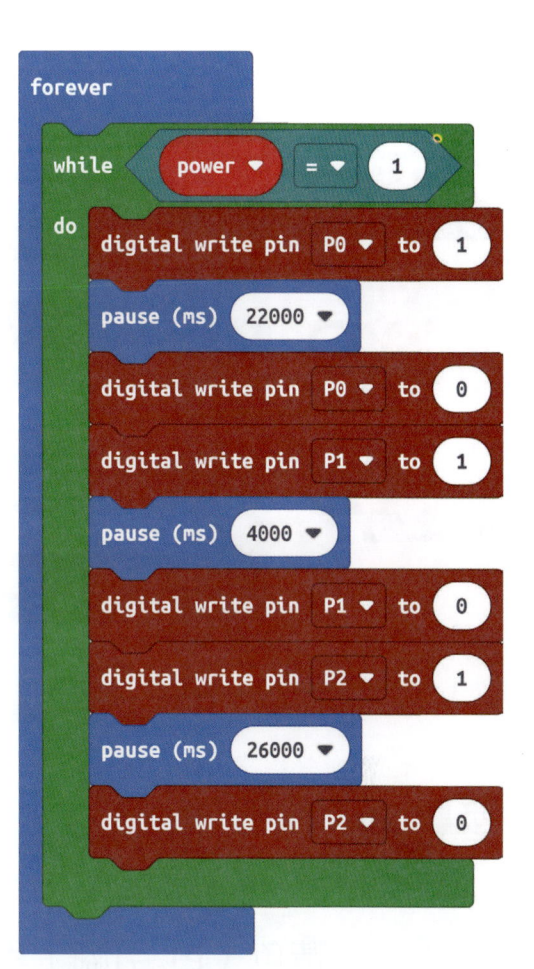

▲圖 6-34

步驟 18 最後「當啟動時（on start）」變數（power）設為「0」。

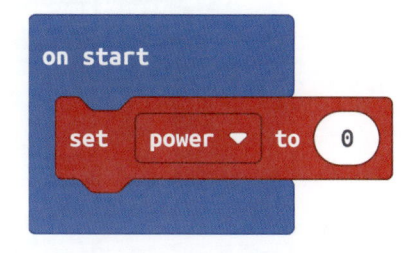

▲圖 6-35

步驟 19 完成紅綠燈自動變換燈號程式撰寫後，小明運用「Micro:bit 模擬窗口」確認程式撰寫是否正確，如下圖。

▲ 圖 6-36

步驟 20 使用綠色鱷魚夾線的一端連接綠色 LED 燈的正極，另一端連接 Micro:bit 的 P0 引腳上，比照作法完成黃色（P1 引腳）與紅色（P2 引腳）的鱷魚夾線。

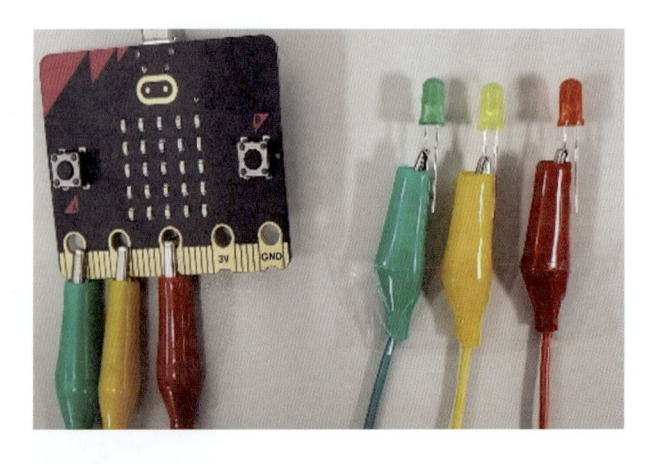

▲ 圖 6-37

CH 6　紅綠燈自動變換燈號 Automated Traffic Light

步驟 21 用杜邦排線插入綠色 LED 燈的負極，比照作法完成黃色（P1 引腳）與紅色（P2 引腳）LED 燈的負極。

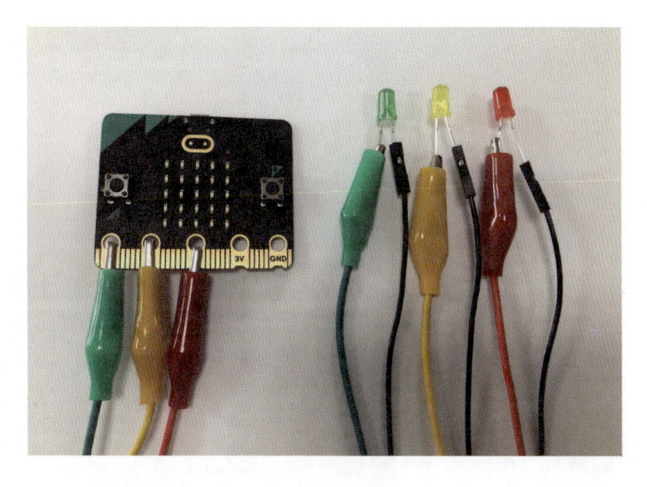

▲圖 6-38

步驟 22 使用黑色鱷魚夾線的一端連接 Micro:bit 的 GND 引腳上，另一端連接綠色、黃色、紅色 LED 燈負極的 3 條杜邦排線。

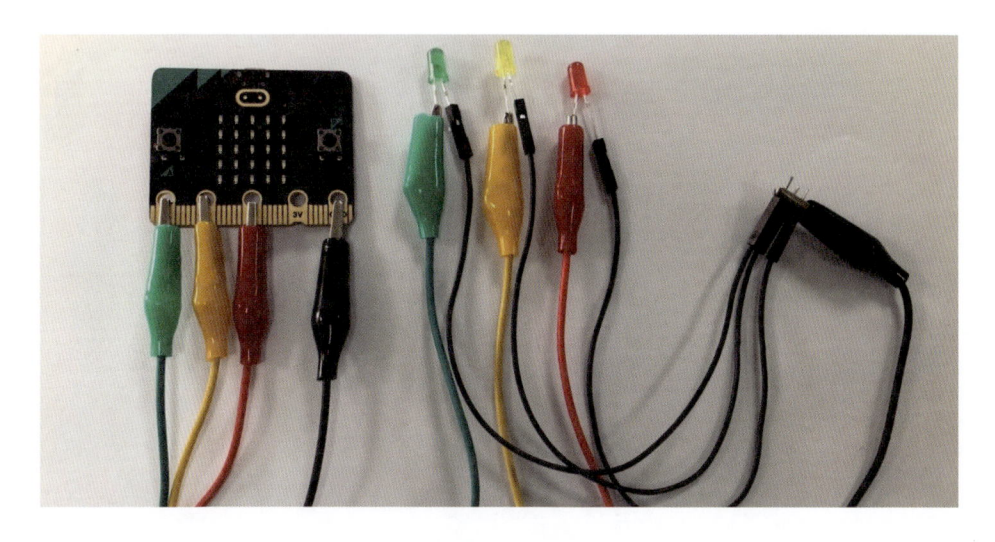

▲圖 6-39

143

步驟 23 現在,將程式下載至 Micro:bit,USB 插入 Micro:bit 連接筆電,觀察 LED 燈執行結果。

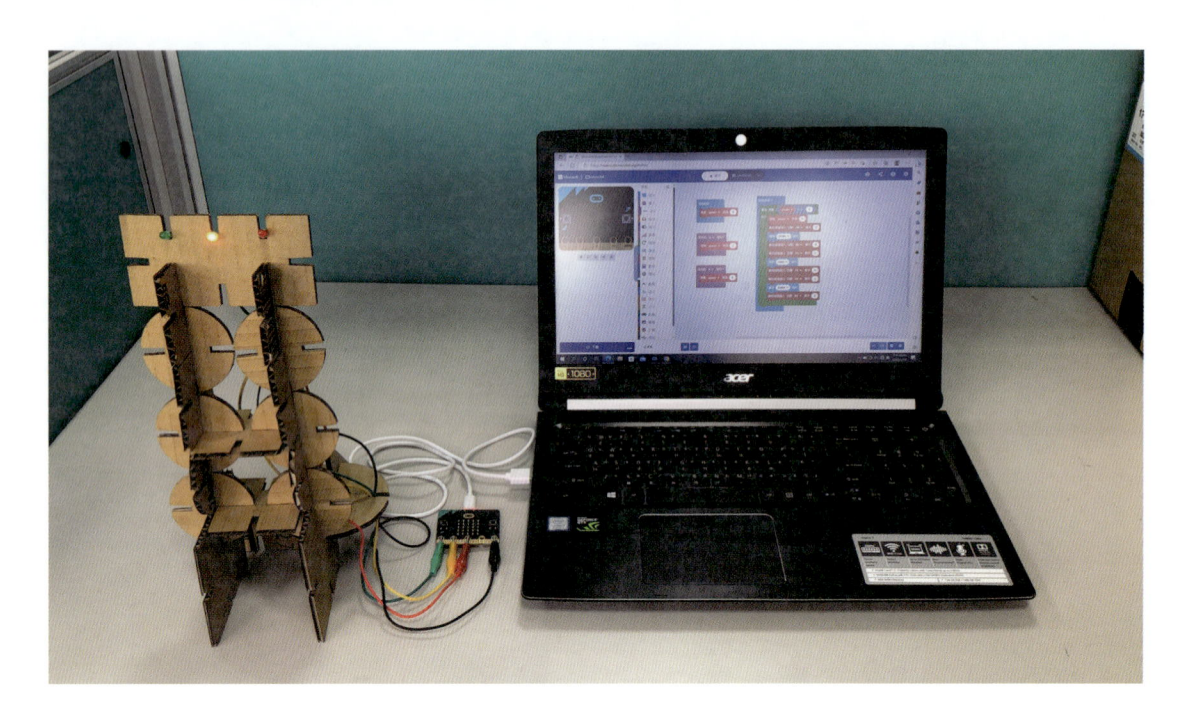

▲圖 6-40

CH6 應聽懂及認讀的單字

About Micro:bit
- pin
- pause
- button
- on start
- forever
- show number
- clear screen
- show icon
- show leds
- show string
- show arrow

About Programming
- programming
- coding
- loop

CH6 應聽懂及認讀的探究句型

- I can solve problems by coding.
- I can control traffic light by coding Button A to Power ON.
- I can control traffic light by coding Button B to Power OFF.

三 自評表現 Self-Assessment Exit Ticket

請依照你的學習表現為自己評分，5分為非常同意，1分為非常不同意。

學習表現	非常同意	同意	普通	不同意	非常不同意
1. 我能獨自完成學習評量，並以英文簡單敘述結果。 I can use Micro:bit to program some simple automation coding.	5	4	3	2	1
2. 我能用 Micro:bit 撰寫紅綠燈自動變換燈號程式。 I can program the loop of traffic light between green light, yellow light and red light.	5	4	3	2	1
3. 在本單元中，哪個環節是你最喜歡的部分？為何你會最喜歡？ Which part of this unit do you like most and why?					

學習表現

4. 在本單元中,你面臨到何種挑戰,以及你如何克服這些困難?

   What problems did you face during the unit, and how did you solve them?

5. 在本單元中,你學到哪些新的知識?如何應用所學在未來的日常生活?

   What did you learn from this unit, and how can you use it in real life or the future?

📝 CH 6 參考答案

📝 小試身手 Assessment of Learning

❶

步驟 1 建立專案。

步驟 2 從積木選單區點選基本，將「重複無限次」和「顯示圖案【愛心】」的方塊拖曳至「程式編程區」。

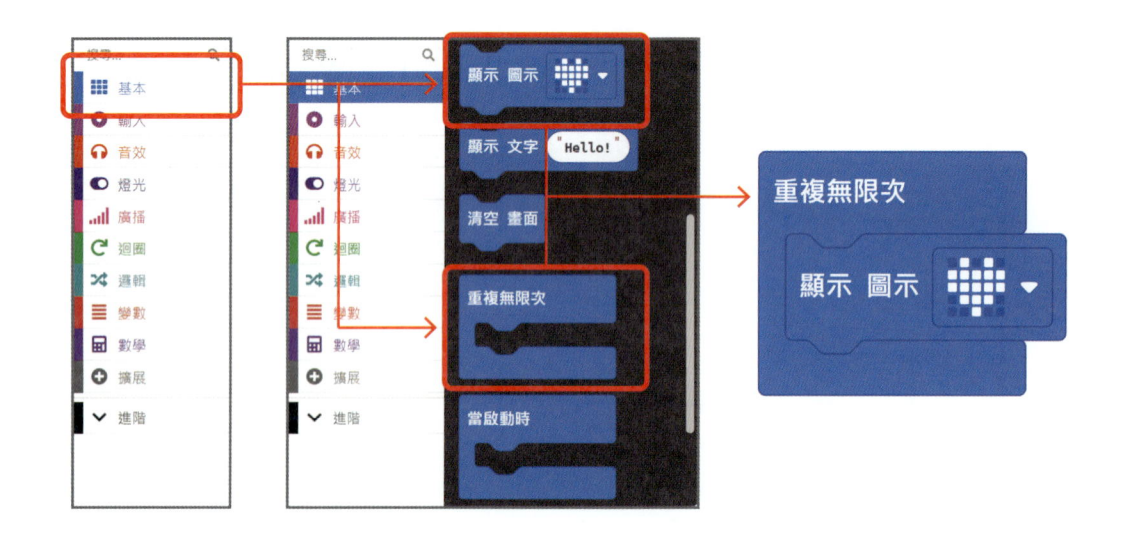

步驟 3 Micro:bit 模擬器顯示結果。

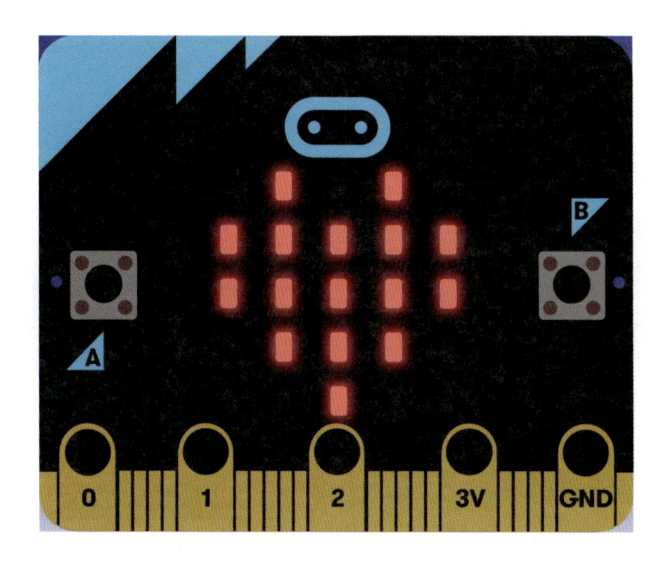

探究與實作 Inquiry & Practice

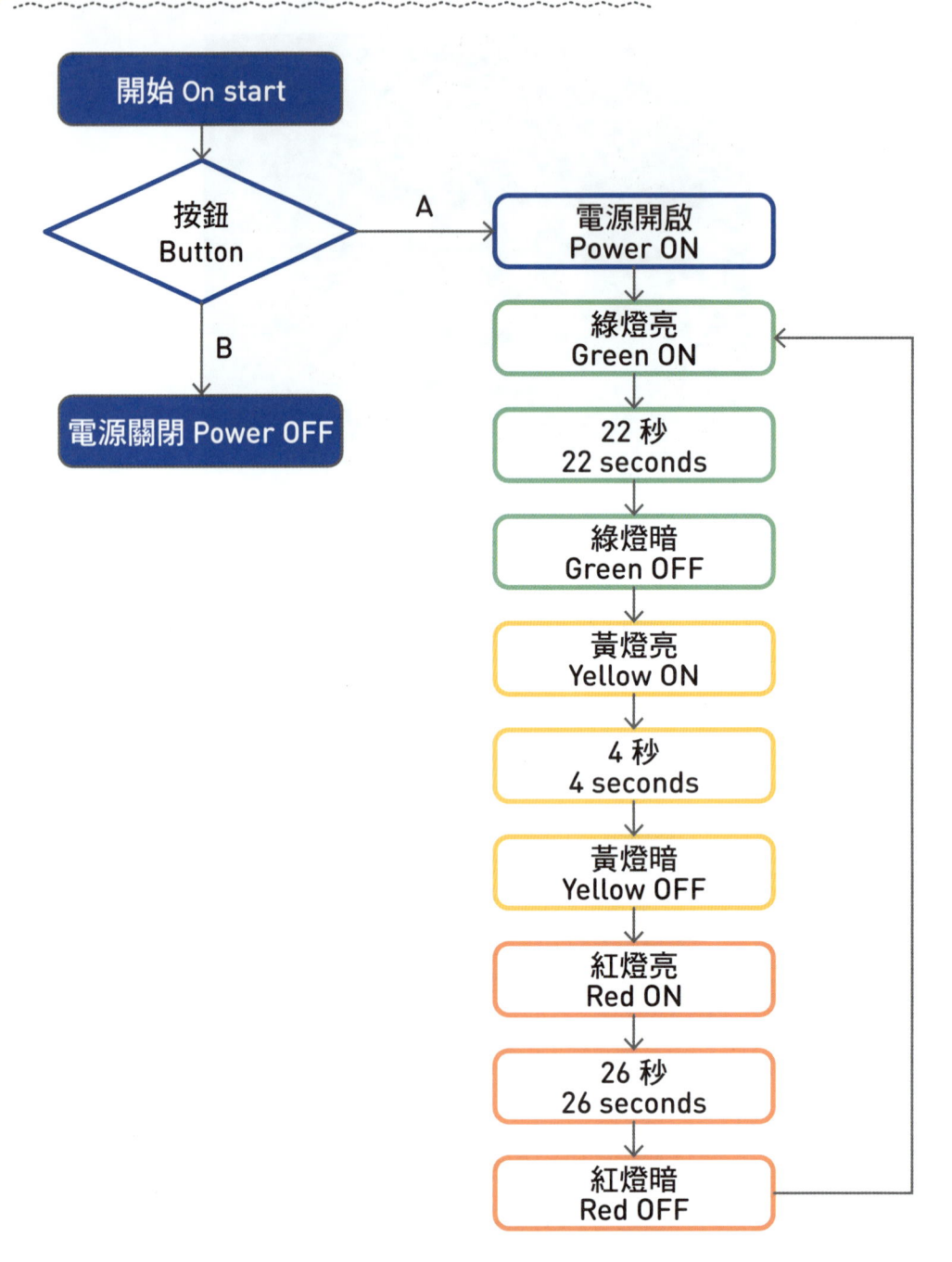

```
開始 On start
      ↓
   按鈕 Button ──A──→ 電源開啟 Power ON
      │B                    ↓
      ↓              綠燈亮 Green ON ←──┐
電源關閉 Power OFF            ↓           │
                      22 秒 22 seconds   │
                            ↓           │
                      綠燈暗 Green OFF   │
                            ↓           │
                      黃燈亮 Yellow ON   │
                            ↓           │
                       4 秒 4 seconds    │
                            ↓           │
                      黃燈暗 Yellow OFF  │
                            ↓           │
                       紅燈亮 Red ON     │
                            ↓           │
                      26 秒 26 seconds   │
                            ↓           │
                       紅燈暗 Red OFF ───┘
```

MEMO

CH 7

終極大挑戰

雙向紅綠燈
Setting up Two-Way Traffic Lights at the Intersection

- **學習目標** Intended Learning Outcomes

1. 觀察實際十字路口上，雙向紅綠燈秒數的循環規則。
2. 進行分組合作共同完成十字路口的紅綠燈號秒數設置。

The Ultimate Challenge

核心任務	條件要求	STEAM問題拆解	問題解答
搭建能自動變換燈號，且至少30 cm高立起的紅綠燈模型	**Science**「紅綠燈」需要有三盞獨立燈號。	串聯（series circuit）或並聯（parallel circuit）的電路裝置，哪個能使三顆LED燈依序單一發亮？	並聯的電路裝置，能使三顆LED燈獨立發亮
	Engineering「紅綠燈」需要站立能被看見。	生活中的回收紙箱如何建立穩固的紅綠燈架？	利用不同形狀的紙卡設計紅綠燈架模型
	Mathematics「紅綠燈」需要有秒數設定。	停等紅燈的車子全數通過路口一次需要多少時間？	紅燈需要26秒 綠燈需要22秒 黃燈需要4秒
	Arts「紅綠燈」需要有不同的顏色。	紅綠燈使用的紅、黃、綠的原理是「色光三原色」還是「色彩三原色」？	紅綠燈使用色光三原色
	Technology「紅綠燈」需要自動換號，不需仰賴人力。	如何撰寫程式讓手動控制改為自動化？	運用Micro:bit撰寫程式輔助自動化

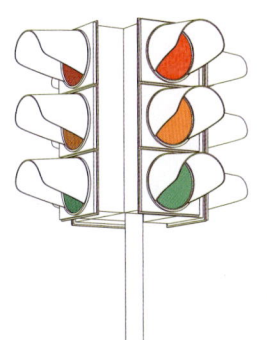

一 問題情境 Problem Situation

　　即便小明將自己精心組裝好的紅綠燈模型放置在中山路路口，請見圖 7-1，但是中山路與民權路路口的交通堵塞狀況還是沒有獲得改善，民權路上接踵而來的車子，讓中山路上的車子難以左轉（turn left）或前進（go straight）。現在小明又重新回到十字路口（intersection），站在中山路與民權路附近觀察，並將中山路與民權路路況觀察的結果寫在紀錄表。

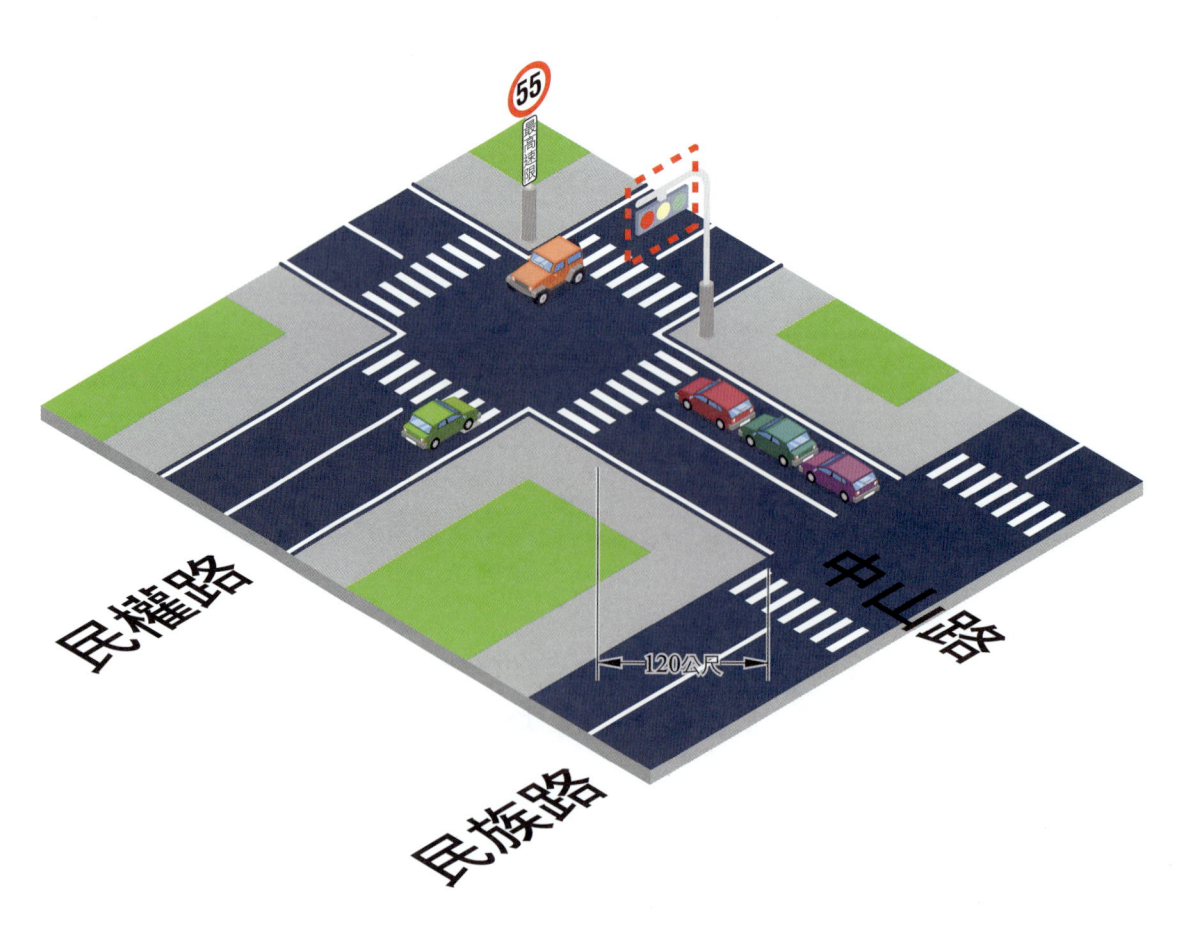

▲圖 7-1　中山路口示意圖

CH 7　雙向紅綠燈 Setting up Two-Way Traffic Lights at the Intersection

探究與實作 Inquiry & Practice

1 請根據圖 7-2 觀察中山路與民權路的路況，並將觀察結果紀錄在表 7-1 中。

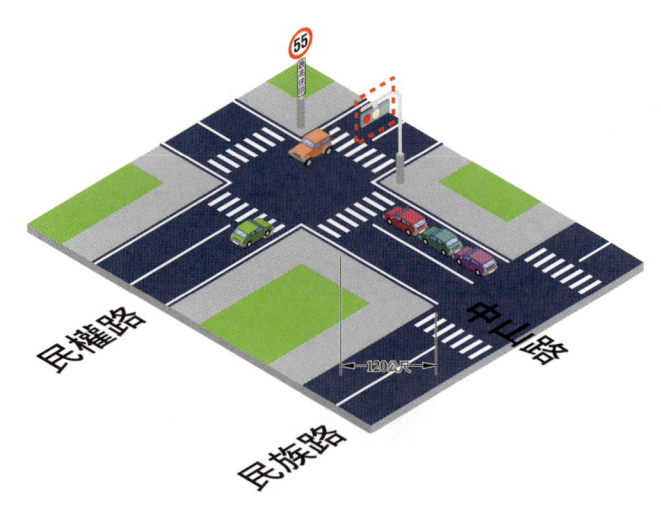

▲ 圖 7-2

▼ 表 7-1　中山路與民權路路況觀察紀錄表

- 👁 See　我觀察到什麼？

- 🧠 Think　我推想到什麼？

- 🚀 Wonder　我探索到什麼？

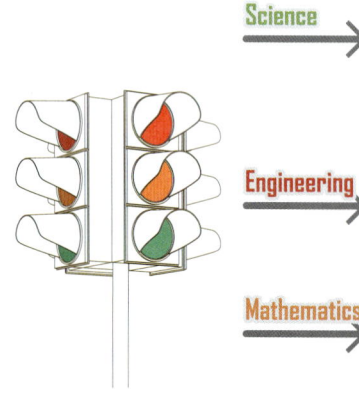

二 活動任務 Learning Tasks

為解決中山路上的車子難以左轉（turn left）或前進（go straight），造成交通壅塞的問題，小明需要其他同學的幫助，製作另一盞紙卡紅綠燈架模型放置在民權路的路口，如此一來，中山路與民權路上的紅綠燈就可以相互協調運作。

請你參考圖 7-3 的 STEAM 探究與問題解決分析圖，並擔任小明同學的角色，一起幫忙小明再建一盞紅綠燈吧！

核心任務：搭建能自動變換燈號，且至少 30 cm 高立起的紅綠燈模型

	條件要求	STEAM問題拆解	問題解答
Science	「紅綠燈」需要有三盞獨立燈號。	串聯（series circuit）或並聯（parallel circuit）的電路裝置，哪個能使三顆 LED 燈依序單一發亮？	並聯的電路裝置，能使三顆 LED 燈獨立發亮
Engineering	「紅綠燈」需要站立能被看見。	生活中的回收紙箱如何建立穩固的紅綠燈架？	利用不同形狀的紙卡設計紅綠燈架模型
Mathematics	「紅綠燈」需要有秒數設定。	停等紅燈的車子全數通過路口一次需要多少時間？	紅燈需要 26 秒 綠燈需要 22 秒 黃燈需要 4 秒
Arts	「紅綠燈」需要有不同的顏色。	紅綠燈使用的紅、黃、綠的原理是「色光三原色」還是「色彩三原色」？	紅綠燈使用色光三原色
Technology	「紅綠燈」需要自動換號，不需仰賴人力。	如何撰寫程式讓手動控制改為自動化？	運用 Micro:bit 撰寫程式輔助自動化

▲圖 7-3　STEAM 探究與問題解決分析圖

CH 7　雙向紅綠燈 Setting up Two-Way Traffic Lights at the Intersection

　　小明的紅綠燈模型放置在中山路，而新搭建的紅綠燈模型則設置在民權路，現在路口有兩組紅綠燈模型，若兩組紅綠燈同時開始運作，出現的會是相同的燈號，並不是彼此對應的燈號。

　　讓我們來觀察紅綠燈號誌的秒數循環規律，從中找出能使中山路與民權路上的紅綠燈顯示出對應的燈號，成功發揮紅綠燈的作用，解決十字路口交通堵塞的問題。

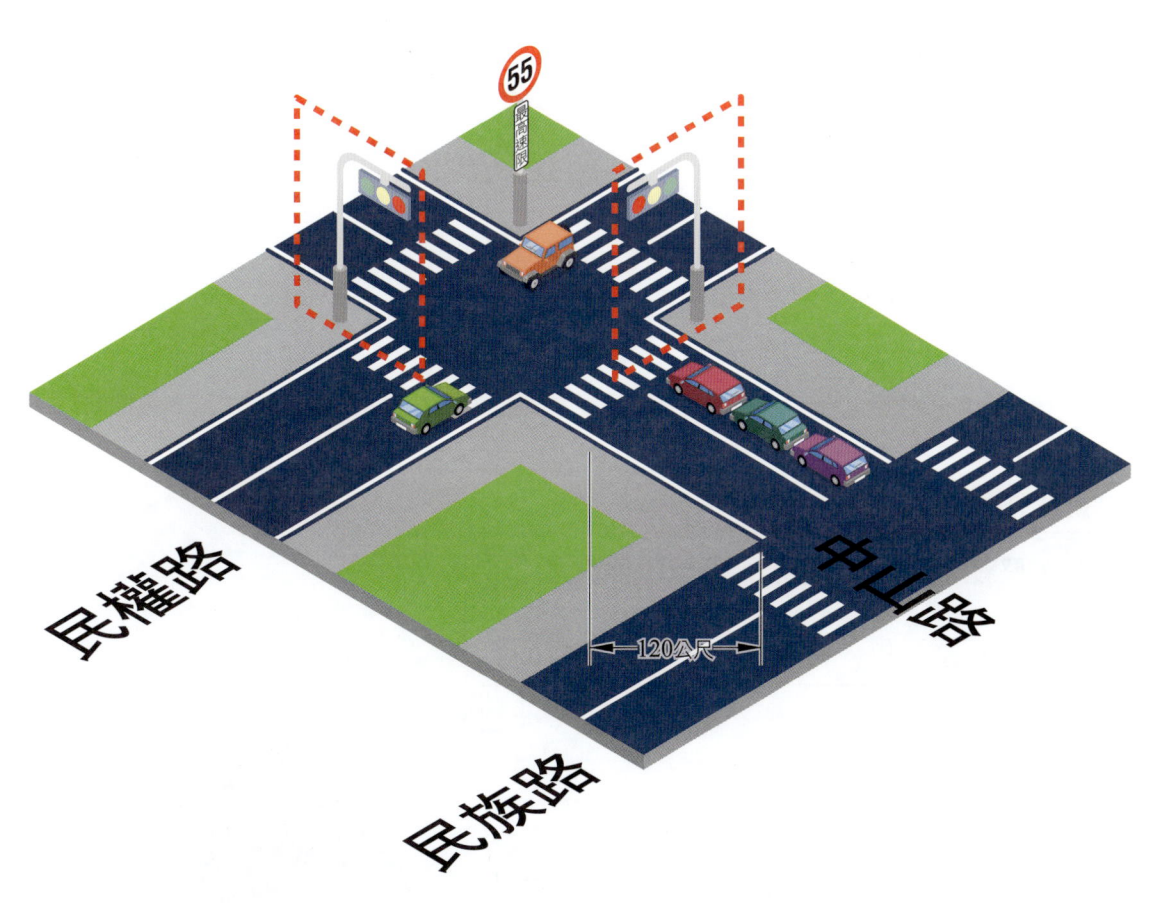

▲圖 7-4　雙向紅綠燈

探究與實作 Inquiry & Practice

❷ 請根據紅綠燈號誌的循環規則：綠燈 22 秒（seconds）→ 黃燈 4 秒（seconds）→ 紅燈 26 秒（seconds）→ 綠燈 22 秒（seconds）……，圈出放置在<u>民權路</u>上的紅綠燈正確啟動的秒數為何？

創客題目編號：F014006　　30 mins

· 創客指標 ·

外形	機構	電控	程式	通訊	人工智慧	創客總數
3	1	0	0	0	0	4

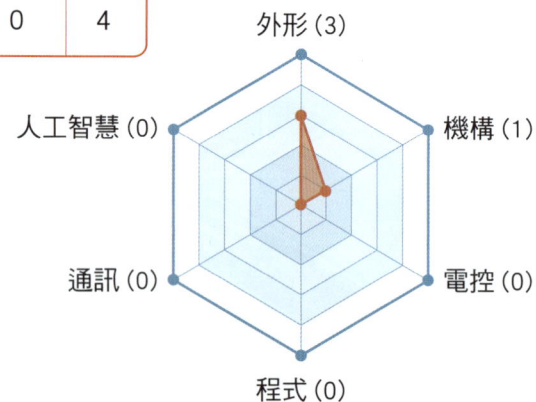

· 綜合素養力 ·

空間力	堅毅力	邏輯力	創新力	整合力	團隊力	素養總數
3	1	0	1	1	1	7

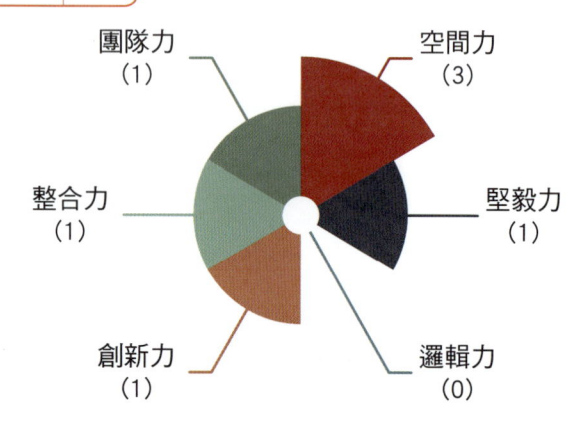

158

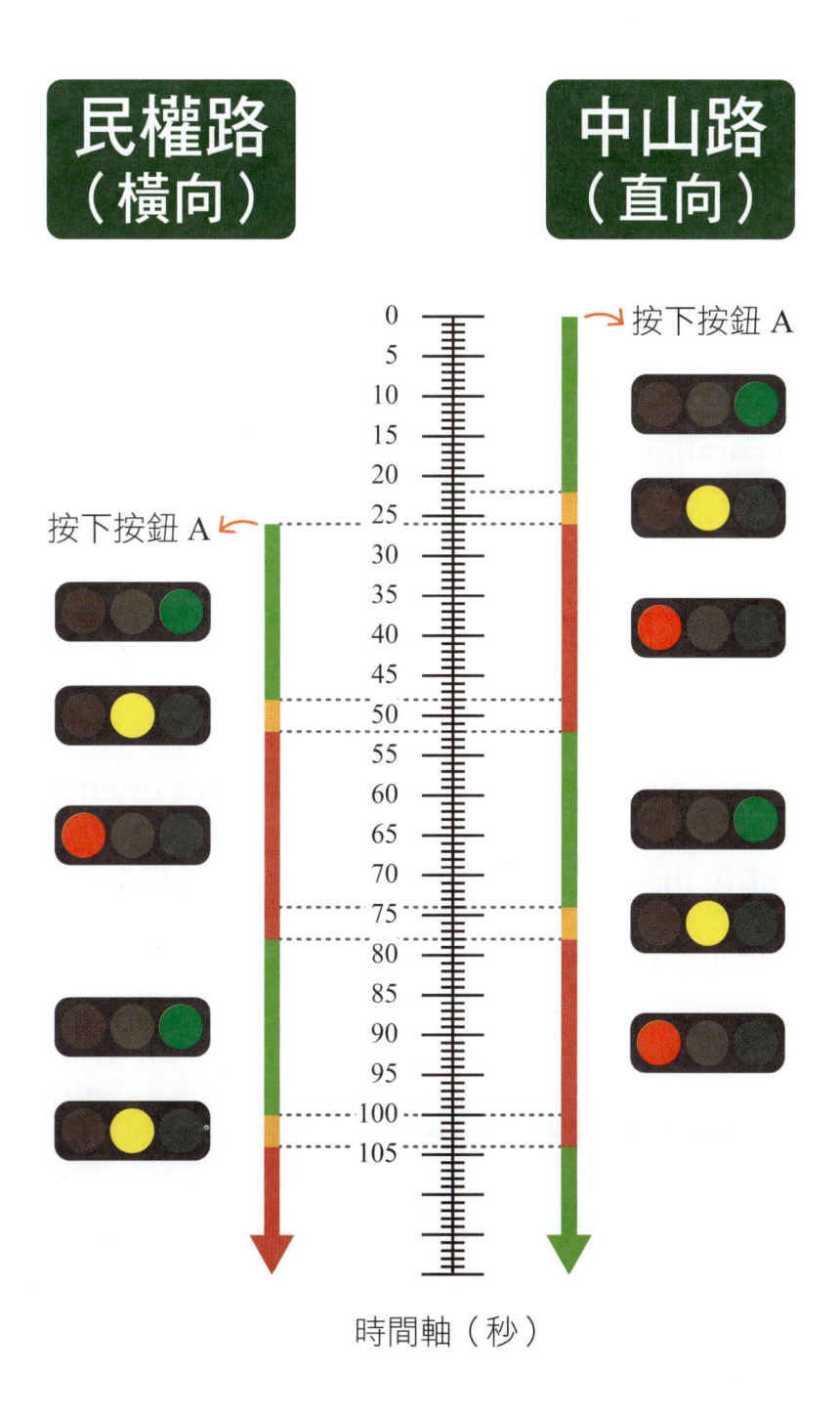

CH 7 雙向紅綠燈 Setting up Two-Way Traffic Lights at the Intersection

❸ 民權路上的紅綠燈應等中山路的紅綠燈執行至第 _____ 秒時啟動，能使 2 組紅綠燈產生對應的交通號誌。

CH7 應聽懂及認讀的探究句型

- I can see a problem in the real world and use my STEAM skills to solve it.

- I can figure out how traffic lights could help cars not get stuck.

- I can use parallel circuit to make the lights in my traffic light stand model turn on.

- I can use Micro:bit to decide when each light should turn on or off.

- I can design a cardboard traffic light tower for my traffic light.

- I can identify the different meanings of traffic light colors for cars and people on the street.

- I can use simple math to make sure the lights on my traffic light model turn on and off at the right times.

三 自評表現 Self-Assessment Exit Ticket

請依照你的學習表現為自己評分，5 分為非常同意，1 分為非常不同意。

學習表現	非常同意	同意	普通	不同意	非常不同意
1. 我能運用科學所學的相關知識，組裝簡易紅綠燈的電流裝置。 I can use science knowledge to make an electric circuit for a traffic light.	5	4	3	2	1
2. 我能運用科技所學的相關知識，編碼紅綠燈號誌的自動程式。 I can use technology knowledge to program the signaling automation for a traffic light.	5	4	3	2	1
3. 我能運用工程所學的相關知識，建構紅綠燈架的紙卡模型。 I can use engineering knowledge to design and build a sturdy, stable and strong cardboard tower for a traffic light.	5	4	3	2	1

學習表現	非常同意	同意	普通	不同意	非常不同意
4. 我能運用藝術所學的相關知識，理解紅綠燈的光原色應用。 I can use arts knowledge to understand the use of colors in light for a traffic light.	5	4	3	2	1
5. 我能運用數學所學的相關知識，判斷與計算紅綠燈的秒數循環規則。 I can use math knowledge to compute the signaling patterns for a traffic light.	5	4	3	2	1
6. 我能應用所學的知識做整合，並再製作一組完整的紅綠燈號誌模型。 I can use what I've learned to create another set of traffic light models.	5	4	3	2	1

學習表現

7. 在本單元中,哪個環節是你最喜歡的部分?為何你會最喜歡?

   Which part of this unit do you like most and why?

8. 在本單元中,你面臨到何種挑戰,以及你如何克服這些困難?

   What problems did you face during the unit, and how did you solve them?

9. 在本單元中,你學到哪些新的知識?如何應用所學在未來的日常生活?

   What did you learn from this unit, and how can you use it in real life or the future?

CH 7 參考答案

探究與實作 Inquiry & Practice

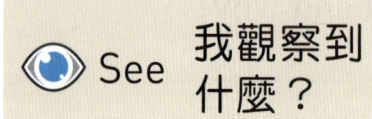

1

- **See 我觀察到什麼？** 即便在中山路路口放置紅綠燈，中山路與民權路路口的交通堵塞狀況還是沒有獲得改善。

- **Think 我推想到什麼？** 民權路路口缺少一盞紅綠燈。

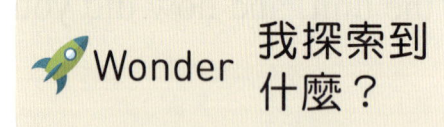

- **Wonder 我探索到什麼？** 依據前面單元所學內容再設置一盞紅綠燈，使其能與中山路路口的紅綠燈產生對應的交通號誌。

❷

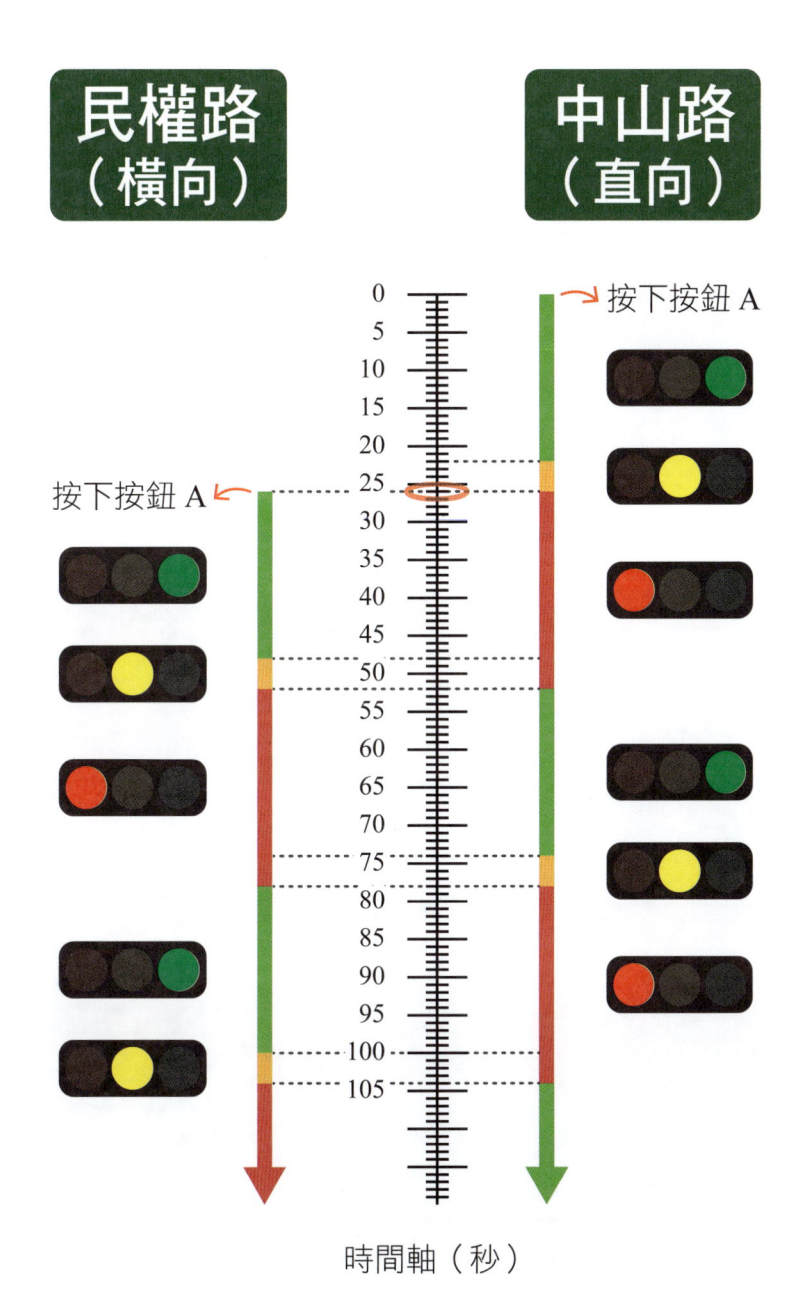

民權路（橫向） 中山路（直向）

時間軸（秒）

❸ 民權路上的紅綠燈應等中山路的紅綠燈執行至第 __26__ 秒時啟動，能使 2 組紅綠燈產生對應的交通號誌。

MEMO

MEMO

MEMO

MEMO

STEAM 雙語教材（四年級）

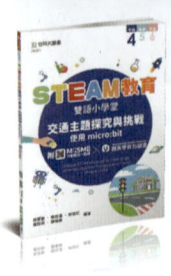

書籍特色

STEAM 教育雙語小學堂
四年級：交通主題探究
與挑戰 - 使用 micro:bit

書號：PN311

作者：吳聲毅・楊桂瓊
　　　廖宜虹・盧欣怡
　　　鄭曉佩

建議售價：$320

- 臺灣第一套融入學習階段背景知識之 STEAM 教材，可在課堂中每週融入實施。
- 課程設計以跨學科（Transdisciplinary）為原則，從兩個或多個學科中學到的知識和技能應用於現實世界的問題，助於塑造學習經驗。
- 所採用之教具來自生活周遭並可跨年級重複使用，培養學童透過生活中素材進行設計的技能。
- 採用學科內容與語言整合教學法（CLIL），讓學童從環境中透過雙語互動提升英語使用能力。

主控板

BBC micro:bit 主控板 V2.2（含 USB 線、收納盒）

產品編號：0110014

建議售價：$785

產品規格

1. BBC micro:bit V2.2 主控板
2. 100cm USB 線
3. 攜存塑膠盒 W18.7xD11.7x3.1CM

擴充套件

STEAM 教育雙語小學堂 紙卡教具盒

產品編號：0142001

建議售價：$129

紙卡教具盒特色

- 需使用膠帶、膠水，即可接合組裝之卡榫設計。
- 可依據情境不同重複使用，組裝不同模型。

產品規格

1. 紙卡 9cm x 9cm x 7 片
2. 紙卡 9cm x 18cm x 2 片
3. 紙卡 6cm x 6cm x 7 片
4. 紙卡 6cm x 12cm x 7 片
5. 紙卡邊長 6cm x 7 片
6. 紙卡半徑 3cm x 7 片
7. 紙卡半徑 4.5cm x 7 片
8. 紙盒 x 1

STEAM 教育雙語小學堂 基本入門教具箱

產品編號：0142002

建議售價：$300

基本入門教具箱特色

- micro:bit 以積木組合程式、模擬器執行結果的簡易操作，輕鬆的學習程式設計邏輯思維及運算思維的能力，透過 micro:bit 的程式設計，可以開發軟體、設計硬體，從創作中得到樂趣，成為主動的學習者。

產品規格

1. 3 號電池盒（附鱷魚夾）x 4
2. 鱷魚線夾 (7 條 / 組) x 1
3. LED(白) x 4
4. 杜邦排線 20CM（公對母）x 1
5. LED(紅) x 1
6. LED(黃) x 1
7. LED(綠) x 1
8. 收納盒 x 1

※ 價格・規格僅供參考　依實際報價為準

勁園科教　www.jyic.net　諮詢專線：02-2908-5945 或洽轄區業務
歡迎辦理師資研習課程

MLC 創客學習力認證
Maker Learning Credential Certification

創客學習力認證精神

以創客指標 6 向度：外形（專業）、機構、電控、程式、通訊、AI 難易度變化進行命題，以培養學生邏輯思考與動手做的學習能力，認證強調有沒有實際動手做的精神。

MLC 創客學習力證書，累積學習歷程

學員每次實作，經由創客師核可，可獲得單張證書，多次實作可以累積成歷程證書。
藉由證書可以展現學習歷程，並能透過雷達圖及數據值呈現學習成果。

創客師 → 核發 → **創客學習力認證** → **學員**

學員收穫：
1. 讓學習有目標
2. 診斷學習成果
3. 累積學習歷程

單張證書

創客學習力
雷達圖診斷 1. 興趣所在與職探方向
2. 不足之處

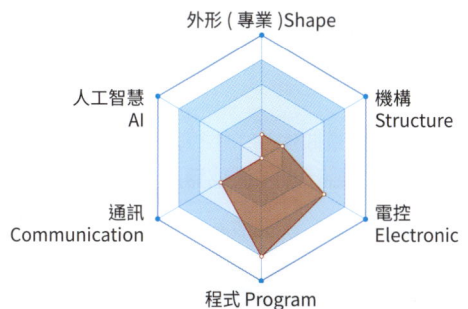

- 外形（專業）Shape
- 機構 Structure
- 電控 Electronic
- 程式 Program
- 通訊 Communication
- 人工智慧 AI

綜合素養力
各項基本素養能力

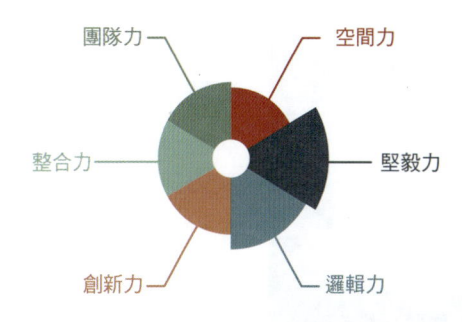

- 團隊力
- 整合力
- 創新力
- 空間力
- 堅毅力
- 邏輯力

歷程證書

正面　　　反面

數據值診斷 1. 學習能量累積
2. 多元性（廣度）學習或專注性（深度）學習

100 — 10 — 10
創客指標總數 — 創客項目數 — 實作次數

100 — 1 — 10
創客指標總數 — 創客項目數 — 實作次數

💲 認證產品

產品編號	產品名稱	建議售價
PV151	申請 MLC 數位單張證書	$400
PV152	MLC 紙本單張證書	$600
PV153	申請 MLC 數位歷程證書	$600

產品編號	產品名稱	建議售價
PV154	MLC 紙本歷程證書	$600
PV159	申請 MLC 數位教學歷程證書	$600
PV160	MLC 紙本教學歷程證書	$600

※ 以上價格僅供參考 依實際報價為準

勁園科教 www.jyic.net ｜ 諮詢專線：0800-000-799 或洽轄區業務
歡迎辦理師資研習課程

書　　　名	STEAM 教育雙語小學堂： 交通主題探究與挑戰
書　　　號	PN31101
版　　　次	2023 年 11 月初版 2024 年 7 月二版
編 著 者	吳聲毅・楊桂瓊・廖宜虹 盧欣怡・鄭曉佩
責任編輯	黃曦緡
校對次數	6 次
版面構成	陳依婷
封面設計	陳依婷
出 版 者	台科大圖書股份有限公司
門市地址	24257 新北市新莊區中正路 649-8 號 8 樓
電　　　話	02-2908-0313
傳　　　真	02-2908-0112
網　　　址	tkdbooks.com
電子郵件	service@jyic.net
版權宣告	**有著作權　侵害必究** 本書受著作權法保護。未經本公司事前書面授權，不得以任何方式（包括儲存於資料庫或任何存取系統內）作全部或局部之翻印、仿製或轉載。 書內圖片、資料的來源已盡查明之責，若有疏漏致著作權遭侵犯，我們在此致歉，並請有關人士致函本公司，我們將作出適當的修訂和安排。
郵購帳號	19133960
戶　　　名	台科大圖書股份有限公司 ※郵撥訂購未滿 1500 元者，請付郵資，本島地區 100 元 / 外島地區 200 元
客服專線	0800-000-599
網路購書	勁園科教旗艦店 蝦皮商城　博客來網路書店 台科大圖書專區　勁園商城
各服務中心	總　　公　　司　02-2908-5945　　台中服務中心　04-2263-5882 台北服務中心　02-2908-5945　　高雄服務中心　07-555-7947

線上讀者回函
歡迎給予鼓勵及建議
tkdbooks.com/PN31101

國家圖書館出版品預行編目 (CIP) 資料

STEAM 教育雙語小學堂：交通主題探究與挑戰 /
吳聲毅, 楊桂瓊, 廖宜虹, 盧欣怡, 鄭曉佩編著.
-- 二版. -- 新北市 : 台科大圖書股份有限公司,
2024.06
　面；　公分
ISBN 978-626-391-255-7（平裝）

1.CST: 小學教學 2.CST: 教材教學 3.CST: 雙語教育

523.3　　　　　　　　　　　　　113008699